Jean-Paul BENGLIA

NE RATEZ PAS

LE PRINCE CHARMANT

Ce que vous devez

comprendre, assumer et éviter

Site de l'auteur : www.cyranoseduction.com
Instagram : Cyranoseduction21ème
Contact : contact@cyranoseduction.com

Application Cyrano séduction :
Activation prévue en 2024/2025

termes des articles L.335-2 et suivants du code de la propriété intellectuelle. »

Dédicace :
Je remercie toutes les personnes qui m'ont aidées depuis quinze ans à affiner mon propos à travers des discussions enrichissantes. Et bien sûr, celles et ceux qui ont eu la patience de relire mon manuscrit et d'en corriger les imperfections.

Je dédie ce livre à toutes les adolescentes de France et du monde entier en espérant que la lecture de ce guide leur évitera de passer à côté d'une vie amoureuse épanouissante.

Les écrits et conseils de ce guide peuvent parfois manquer de nuances. C'est voulu. Pourquoi ? Parce que pour se construire, les femmes timides, maladroites, distraites ou en manque de confiance en soi ont besoin de conseils concrets qui ne laissent pas de place à l'interprétation et à l'hésitation intellectuelle. Les nuances viendront plus tard avec l'apprentissage et le perfectionnement.

De plus, si ce livre est à l'attention des femmes, il est vivement conseillé aux hommes de l'étudier. Comprendre la logique des femmes lors d'une rencontre amoureuse vous sera très utile pour vous harmoniser plus facilement.

SOMMAIRE :

Introduction

Une rencontre amoureuse qui aboutit ne doit rien au hasard !

Beaucoup de femmes croient, peut-être comme vous, que la rencontre amoureuse se fait et aboutit toute seule par le simple fait que deux êtres sont attirés l'un par l'autre. Et vous êtes là, à rêver d'un prince charmant qui apparaîtra un beau matin comme par enchantement. Ce jour-là, vous n'aurez évidemment rien à faire puisque c'était écrit ! Et ils furent heureux et eurent beaucoup d'enfants.

Et puis les années passent, passent et rien ne se passe ! L'âme sœur qui vous était promise n'arrive pas. Pourtant, vous êtes sûre qu'elle allait arriver : vous êtes une femme séduisante, sympa, bien élevée, autonome. Que vous manque-t-il pour être heureuse ?

Mais, d'année en année, la réalité s'impose : vous êtes toujours seule ou vous avez eu peut-être quelques aventures sans grand intérêt. Mais dans le même temps, vous avez croisé des hommes qui auraient pu vous rendre heureuse, et.....RIEN !

Que s'est-il passé OU SURTOUT que ne s'est-il PAS passé ?

Sans vous en rendre compte, vous êtes passé à côté de l'amour qui vous a croisé (peut-être plusieurs fois), mais vous n'avez rien vu ou rien fait parce que vous avez cru, bien involontairement, que la rencontre amoureuse allait de soi, s'imposait d'elle-même et aboutissait à coup sûr quand l'attirance était réciproque !

Vous avez fait une des plus grosses erreurs de votre vie et cela a déjà des conséquences tristes sur votre vie sexuelle et sentimentale. Car l'attirance et les sentiments réciproques ne suffisent pas à faire aboutir une rencontre, ce ne sont que des ressentis statiques.

La rencontre amoureuse n'est pas un scénario aléatoire basé uniquement sur les sentiments. Car la nature l'a en partie codifiée sur le plan instinctif et les femmes inexpérimentées se heurtent involontairement à ses codes invisibles qui font avorter des rencontres que les deux coeurs avaient désirés voir aboutir.

Sinon, vous pensez bien qu'il y aurait beaucoup plus de couples heureux et moins de frustrations.

Heureusement, grâce à ce guide, vous allez prendre conscience qu'il n'y a pas de hasard dans le jeu de séduction. La nature a, en grande partie, codifié la rencontre entre une femme et un homme. Et gare à celles qui ne respectent pas les règles.

Comme pour apprendre à marcher, conquérir un être convoité relève, en premier lieu, d'un apprentissage d'aptitudes instinctives. Ce manuel va vous guider pas à pas : comprendre les règles du jeu, vos obligations et le fonctionnement des hommes, agir en toute cohérence et se perfectionner en diminuant les erreurs.

Cet ouvrage clair, répétitif et pragmatique vous permettra de construire une confiance en vous, non pas sur des bonnes paroles, mais basée sur un apprentissage progressif et structuré. Vos pensées vont changer, ce qui aura pour conséquence de changer votre comportement et vos actions sur le terrain.

C'est en ayant confiance en vos actions que vous allez petit à petit avoir confiance en vous.

Même si des facteurs extérieurs peuvent intervenir, votre timidité éventuelle et vos maladresses se construisent essentiellement sur votre incompréhension chronique et durable des règles du jeu et des hommes.

Et de fil en aiguille, en devenant votre propre coach, vous diminuerez votre timidité, vos blocages et vos maladresses qui vous font passer à côté de belles rencontres !

Alors que souvent, il y a un simple pont entre vous et l'homme désiré, mais vous ne le voyez pas et vous marchez à côté.

Dans un premier temps, je ne vous aide pas à avoir confiance en vous, mais avoir confiance en vos actions, nuance !

Apprendre à assumer son rôle, comprendre et conquérir un homme, est un enjeu essentiel pour votre vie future car cela va décider de votre épanouissement sentimental, sexuel et peut-être parental !

Alors, n'hésitez pas, investissez-vous. Le jeu en vaut la chandelle.

Pour comprendre le comportement des femmes et des hommes dans le jeu amoureux, nous ne pouvons pas en rester à leur culture et à leur vécu. Nous devons d'abord prendre en considération leur nature de femme ou d'homme. le reste s'ajoutant, en aval, à la construction naturelle.

Et pour les idéologues de tout poil, sachez que la nature n'est ni machiste, ni féministe, ni morale, ni immorale, ni juste, ni injuste, ELLE EST ! Et elle a décidé que les hommes et les femmes fonctionnaient différemment avec des programmations naturelles distinctes.

L'universalité des interactions et comportements sexuels

On entend partout dire que nous sommes conditionnés par notre culture et notre éducation. Et qu'il suffit de les changer pour nous changer. Erreur profonde qui consiste à faire croire à certains que dans d'autres cultures, les comportements amoureux sont différents, plus faciles, plus simples, etc.... Alors, on se dit, je vais aller à tel endroit et je vais avoir plein de conquêtes voulues.
Que nenni ! Et vous revenez en général déçue de votre voyage car les hommes sont les mêmes partout ! Certes, dans certains pays, ils sont plus dragueurs et entreprenants, mais seront-ils ceux que vous désirerez?

Le guide de Jean-Paul Benglia décrit de manière très pragmatique les règles du processus amoureux. Comme dans tout, il existe des exceptions à la règle et certaines situations peuvent amener quelques interactions qui s'éloignent du fil rouge proposé dans ce livre. Il n'en reste pas moins vrai que, partout dans le monde à 99,9%, les femmes et les hommes obéissent fondamentalement aux mêmes règles interactives, quels que soient l'époque, leurs couleurs, leurs cultures, leurs âges et leurs situations géographiques. Structurer vos pensées, vos actions et votre comportement sur les bases de ce guide vous assurera une efficacité maximale et surtout vous permettra de ne pas rater de belles opportunités : vous n'avez aucune raison, sauf exception, de rater un homme amoureux de vous que vous connaissez si vous assumez votre rôle correctement.

« Les générations et les cultures changent, l'instinct reste ! »

D'ailleurs, Agatha Christie, qui en savait quelque chose, écrivait dans ses romans policiers : « La nature humaine est partout la même ! »

Pourquoi Cyrano Séduction ?
Cyrano de Bergerac est un personnage mondialement connu d'Edmond Rostand qui aidait dans l'ombre son ami Christian à conquérir la belle Roxane.

Le fil rouge Cyrano Séduction : Comprendre - Agir - Perfectionner (CAP) = CAP vers la réussite

Méthode pour évoluer de manière cohérente sur des bases solides dans ses pensées, ses comportements et

son efficacité amoureuse afin de créer l'alchimie avec les hommes :
*Comprendre (l'interaction sexuelle femme - homme)
*Agir (assumer en toute connaissance de cause)
*Perfectionner (éviter les erreurs et améliorer ses actions)

Une femme qui cumule les frustrations et échecs amoureux est comme une écolière qui, pour différentes raisons, n'a pas compris les règles essentielles de l'arithmétique (addition, multiplication, etc....). Elle n'arrive donc pas à réussir les exercices, surtout si elle n'a pas eu la chance d'avoir un professeur pour les lui expliquer patiemment.
Alors, au bout de quelques temps, elle ne va plus suivre, ne sera pas admise dans la classe suivante et finira par être exclue du système scolaire. Ces femmes inefficaces dans le jeu de séduction sont des redoublantes perpétuelles de la rencontre qui finissent par être exclues de la vie amoureuse.

Soyez patiente car Cyrano rappelle :
« Il y a une grande différence entre connaître le chemin et parcourir le chemin »

Petit lexique dans le cadre du processus amoureux

Ceci afin d'enlever toute ambiguïté sur des mots ou des expressions qui jalonnent ce manuel.

Amoureux / sexuel : j'utilise les deux mots indifféremment, au sens large du terme avec ou sans sentiments.

Sex appeal / sexy : la somme des éléments qui va éveiller le désir sexuel du sexe opposé.

Système Défensif Naturel (S.D.N.) : mécanisme spécifiquement féminin qui a pour réflexe de garder l'homme à distance lors d'une rencontre, le temps de se sentir à l'aise.

Virilité : aptitudes biologiques et cérébrales, spécifiques à l'homme, qui lui permettent de se transformer naturellement en guerrier quand il veut défendre ses intérêts, en chasseur quand il a faim et en courtisan quand il désire une femme.

La virilité, d'ordre naturel et biologique, n'a rien à voir avec le machisme qui lui, est une notion socio-culturelle considérant la femme socialement inférieure à l'homme.

Comportement viril : c'est le fait de se transformer en courtisan.

Qu'est-ce qu'un comportement courtisan ? Dans ce livre, c'est le fait d'aller à la rencontre des femmes, d'avancer par actions et propositions verbales successives en les enrobant de discussions et d'actions sexualisées dans le but d'aboutir à des relations sexuelles avec elles.

A ne pas confondre avec le courtisan à la cour du roi qui est une autre posture.

Croyances négatives, fausses ou limitantes : idées reçues ou pensées ancrées profondément en soi qui nuisent à l'épanouissement ou qui font analyser, inconsciemment, la réalité de manière erronée (cf mon livre: Timidité amoureuse : nouvelles origines, nouvelle méthode pour guérir).

Communication sexuelle : langage verbal et non verbal extériorisant de manière plus ou moins forte votre désir sexuel vers la personne convoitée.

Comportement sexualisé : comportements, spécifiques à la rencontre amoureuse, qui couplés à la communication sexuelle, doit se déclencher pour que l'alchimie sexuelle s'opère et fasse aboutir, à coup sûr, la rencontre par une conclusion dans l'intimité.

Personne inefficace / Personne timide : dans le cadre de ce guide, la personne inefficace est une personne défaillante qui a du mal à entamer et faire aboutir une rencontre désirée réciproquement ! Et à l'intérieur des personnes inefficaces, vous avez les timides, qui, en plus d'être inefficaces, sont perturbés dans leurs comportements lors d'une rencontre.

« Ce qui est essentiel, est de COMPRENDRE POURQUOI, alors que l'homme est aussi intéressé, la rencontre n'aboutit pas. »

1

Ce que vous devez comprendre et assimiler sur vous-même et sur les hommes.

« S'aimer est la conséquence d'une merveilleuse alchimie, mais c'est aussi la conséquence d'une inévitable chimie ! » a dit très justement Ellen Willer.

« Le coeur a ses raisons que la raison ne connaît pas. » Vous connaissez toutes ce dicton.

Cyrano ajoute : « Le corps a ses besoins et ses réflexes que le coeur et la raison feraient bien de prendre en compte pour éviter toute mauvaise surprise ».

Cyrano rappelle : « Il ne sert pas à grand chose d'étudier les équations à deux inconnues quand on ne maîtrise pas les tables de multiplication »

A. Un métaphore éclairante : la femme part à la pêche, l'homme part à la chasse

La femme est comme le pêcheur, elle met un appât au bout de sa canne, lance là où il y a des poissons séduisants et les attire pour qu'ils mordent. Et elle « fère » dès qu'elle a un poisson qui l'intéresse.

Alors que l'homme est comme le chasseur, il part avec son fusil et traque les « proies » qui sont plus ou moins voyantes et faciles à atteindre.

Voici le point faible et le point fort de chacune de ces techniques :

La « *pêcheuse* » pourra toujours espérer ramener du poisson, pourvu qu'elle mette un appât. MAIS, elle sera dépendante de la morsure du poisson. Et si celui qu'elle convoite est timide ou ne mord pas, elle reviendra rarement avec celui qu'elle espérait et partira souvent avec un de ceux qui ont mordus !
Très important pour vous les femmes de prendre conscience de ce mécanisme naturel qui vous fait perdre de belles rencontres alors que, consciente, vous auriez pu faire basculer celle-ci du bon côté. Vous devez faire en sorte que le poisson qui vous intéresse « morde » à votre hameçon.

Le « *chasseur* » est dépendant de son dynamisme (envie de chasser) et de sa dextérité. S'il ne fait rien ou « tire » mal, il reviendra toujours bredouille !
Par contre, s'il est doué, il ramènera, le plus souvent, ce qu'il a chassé.

De la vient, parfois, alors que vous n'êtes pas spécialement intéressée, le fait de sortir avec un homme qui ne vous intéresse pas vraiment. Celui qui vous intéressait n'a pas mordu à l'hameçon pour différentes raisons que nous allons lire plus avant.

Dans un film, une femme disait : Il y a les hommes qu'on aime et ceux avec qui on couche..... C'est cette triste malédiction que l'on va essayer de conjurer avec ce guide.

B. Origines des différences naturelles Femme / Homme dans le processus amoureux (voir illustrations 1abc) :

1/ Quand la femme est intéressée, elle attire instinctivement l'homme vers elle (attraction) alors que quand l'homme est intéressé par une femme, il va naturellement à sa rencontre (action) !

2/ La femme utilise essentiellement une communication sexuelle non verbale ou verbale indirecte alors que l'homme utilise généralement une communication sexuelle verbale et directe lors de son approche.

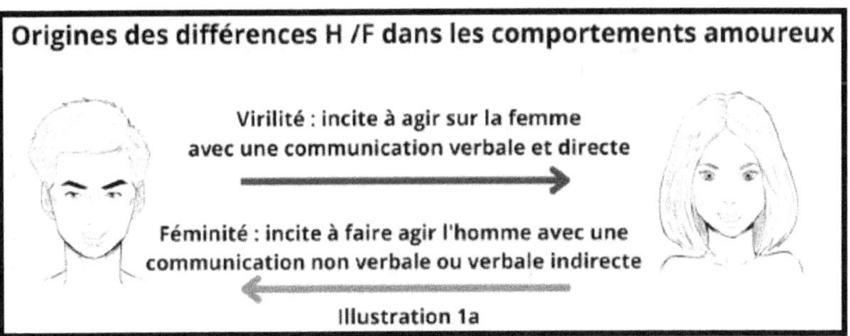

Rien qu'avec ces deux différences, on comprend pourquoi, à première vue, vous paraissez moins entreprenantes que les hommes. Mais tout ceci, comme vous allez le lire plus loin, n'est qu'apparence. La réalité est bien plus subtile et équilibrée.

Avec vous, les femmes, ne pas confondre passive avec statique ! Une femme passive est une femme non sexy qui n'envoie pas de signaux d'ouverture. La grande majorité des femmes est bien loin de cette description.

3/ Pour des raisons d'ordre biologique, la femme a besoin d'être rassurée sur le comportement de l'homme pour s'ouvrir à la relation intime. Alors que l'homme, contrairement à la femme, a absolument besoin d'être excité pour avoir des rapports sexuels complets. Nous n'avons pas les mêmes contraintes et cela joue inconsciemment sur notre comportement global.

La femme a l'obligation **incontournable** d'être physiquement attirante sinon vous risquez de devenir des roues de secours. Nous en parlerons dans le module « Ce que vous devez éviter ». Etre attirante sans donner une vision vulgaire. A vous de trouver un

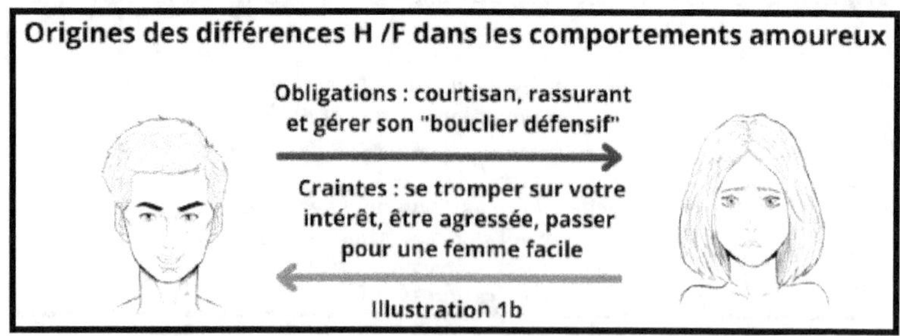

équilibre pour ne pas paraître vulgaire aux yeux des hommes.

Pour aborder une femme, la plupart des hommes ont besoin de codes déclencheurs, de signaux clairs.

La femme doit communiquer son intérêt et son timing quand l'homme doit avoir un comportement courtisan, proactif maîtrisé.

Enfin, la peur de douter de sa future paternité va lui faire sélectionner les femmes « sérieuses » (sauf pour une passade). Je conseille donc aux femmes d'être discrètes sur leur vie sexuelle pour ne pas inquiéter le prince charmant qui sommeille en chaque homme

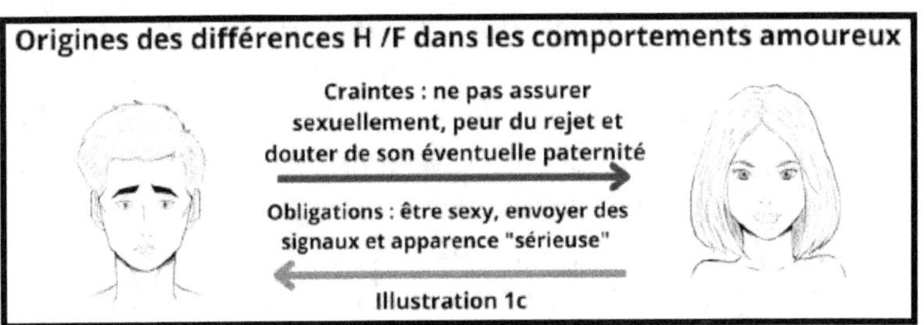

sauf pour une passade puisque cet homme ne vous intéresse pas à long terme. Mais méfiez-vous quand même, une mauvaise réputation peut se répandre jusqu'à un prince charmant aux alentours par des femmes jalouses ou rivales qui vous voudront du bien... Faites ce que vous voulez de vos nuits, mais restez discrètes.

C. La communication amoureuse/sexuelle de la femme.

Ce chapitre va vous aider à prendre conscience de votre approche amoureuse et surtout de l'importance incontournable de votre communication sexuelle si vous voulez choisir vos hommes tant que faire se peut.

Anecdotes vécues ou entendues :

1. Un soir, je venais de terminer une soirée spectacle avec des amis. Une jeune fille me dit qu'elle m'avait trouvé super et me regardait avec des yeux lumineux. Je ne réagis pas. Ensuite, elle me fait du pied. Là, je me dis qu'une femme qui me fait du pied est possiblement intéressée. Je ne réagis toujours pas. Et elle finit pas me dire : « J'ai envie de toi ». Une demi heure après, je l'invitais dans ma tente !

C'est la première fois qu'une femme arrivait à me conquérir par une communication sexuelle graduelle et successive. Un travail d'orfèvre qui doit vous faire méditer.

Grâce à sa communication sexuelle bien déterminée, elle a eu ce quelle voulait : moi ! Et elle fut la seule dans ma vie à avoir ce que ses yeux désiraient sans aucune aide de ma part, si ce n'est l'inviter dans ma tente.

C'est une anecdote que vous devez graver en vous les filles. Elle doit vous rappeler l'importance de votre communication sexuelle dans votre succès effectif avec les hommes que vous désirez, surtout s'ils sont timides ou distraits.

2. Un jour je discute sur le sujet avec des connaissances. La femme me dit qu'elle trouve intéressant le fait que les garçons ne comprennent pas grand chose à la communication sexuelle des femmes. « Celui qui est mon mari aujourd'hui et qui me rend heureuse, j'ai du lui forcer la main pour que nous sortions ensemble. Un soir en sortie, j'en avais tellement marre d'attendre qu'il m'embrasse que je lui ai dit : « Soit tu m'embrasses, soit je vais coucher avec le barman ». Et il s'est enfin exécuté me disant qu'il ne savait pas que je voulais sortir avec lui alors que je n'arrêtais pas d'envoyer des signaux et mon comportement ne laissait aucun doute de mon point de vue.

Avec cet autre exemple, vous avez une idée de la puissance de votre communication qui peut faire basculer une rencontre désirée qui stagne par la faute inconsciente du garçon.

3. Un jour, je rencontre un manager qui travaille dans le mannequinat. Il est entouré de femmes sublimes. On discute des femmes et de mes recherches. Et là, il me dit : « J'ai maintenant une explication au fait que ces femmes sublimes ne cassent pas une patte à un canard avec les hommes ». Il a pris conscience qu'elles n'avaient aucune communication sexuelle avec les hommes et cela les rendaient inaccessibles et froides aux yeux des hommes.

Votre communication sexuelle est presque aussi importante que votre féminité dans votre succès auprès des hommes.

Les niveaux qualitatifs de communication amoureuse de la femme (voir illustration 2) :

La communication amoureuse de la femme doit se construire sur trois piliers : compréhensible, indirecte et cohérente.

Plus ces trois piliers vont se diluer, moins votre communication sera efficace comme le montre le schéma où l'homme change de comportement selon votre communication sexuelle !

Prendre conscience des signaux d'ouverture que vous devez extérioriser :

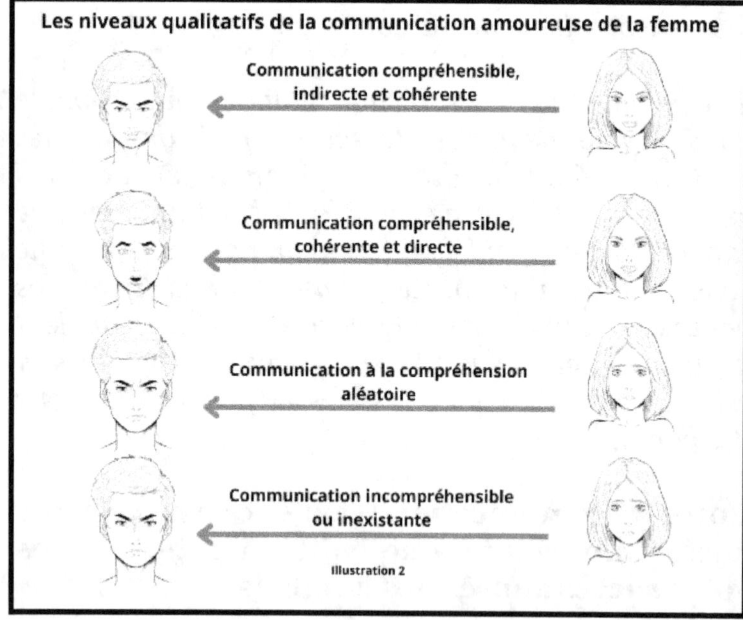

Il y a quatre niveaux de signaux :
*Le niveau 0 ! Pas de signal de votre part ou si peu.

*Le niveau 1 : il correspond au regard. Oui, quand vous regardez un homme intensément, vous envoyez un signal d'ouverture.

*Le niveau 2 : Ensuite, vous avez le sourire qui est le deuxième niveau.

*Le niveau 3 : Enfin, le troisième niveau est la gestuelle (la main dans les cheveux, hocher la tête, faire un signe de la main, etc...).
Voilà les trois niveaux de puissance de votre communication sexuelle non verbale.

Mais ce qu'il faut avoir en tête, ce sont surtout les conséquences d'une faible intensité de cette communication non verbale.

Conséquences du niveau de votre communication amoureuse (voir illustrations 3abcd) :

Vous avez en face de vous 10 hommes intéressés qui vont de réactivité nulle (timides) à forte réactivité (entreprenants) aux signaux des femmes.

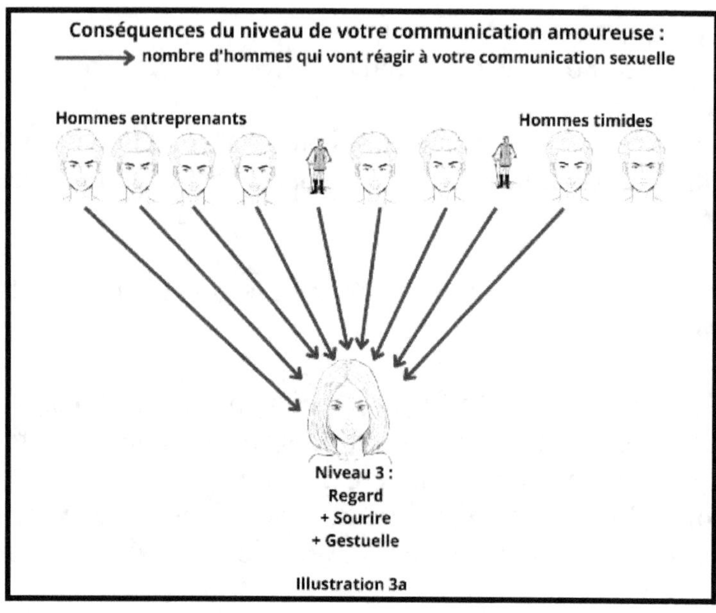

Si vous êtes capable de développer le niveau 3 (regard, sourire et gestuelle), vous allez avec certitude déclencher la réaction (si intéressés) de 9 hommes sur 10 et peut-être une réactivité du dernier qui est timide.

Si vous êtes capable de développer seulement le niveau 2 (regard et sourire), vous allez déclencher la réaction de 6 hommes sur 10. Et l'homme que vous convoitiez étaient en huitième position sur l'échelle de réactivité. Ce qui veut dire que vous allez rater des hommes intéressants pour vous.

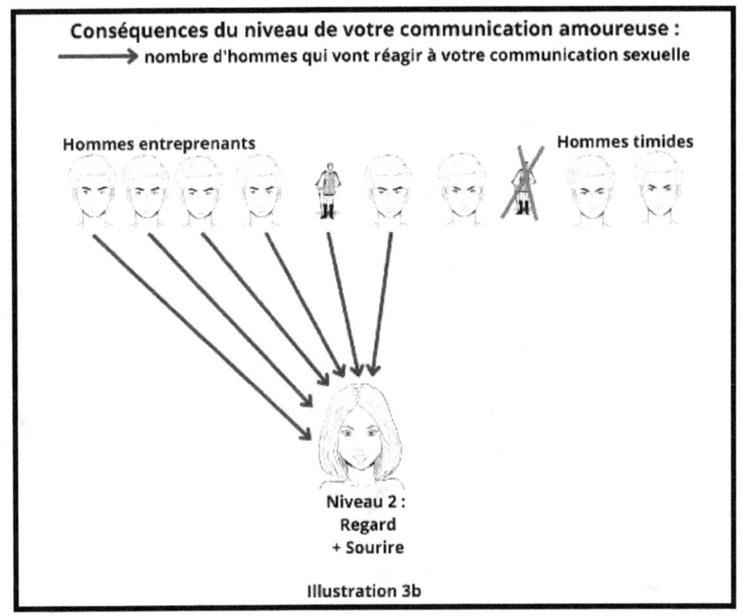

Si vous ne savez que développer le niveau 1 (regard), vous allez déclencher seulement la réaction de quatre hommes sur 10. Ça devient très faible comme efficacité. Vous allez rater de belles rencontres (illustrées par des princes charmants).

Et enfin, si vous n'envoyez pas de signaux, seuls les tombeurs vont aller à votre rencontre s'ils sont intéressés ou rare seront ceux qui viendront à vous aborder. N'espérez pas de miracle, agissez sur les hommes qui vous intéressent. C'est une des raisons pour lesquelles certaines femmes disent : « Je ne sors qu'avec des salauds (tombeurs) ». Oui, car seuls les tombeurs qui n'ont pas besoin de signaux, vont venir vous aborder. CQFD.

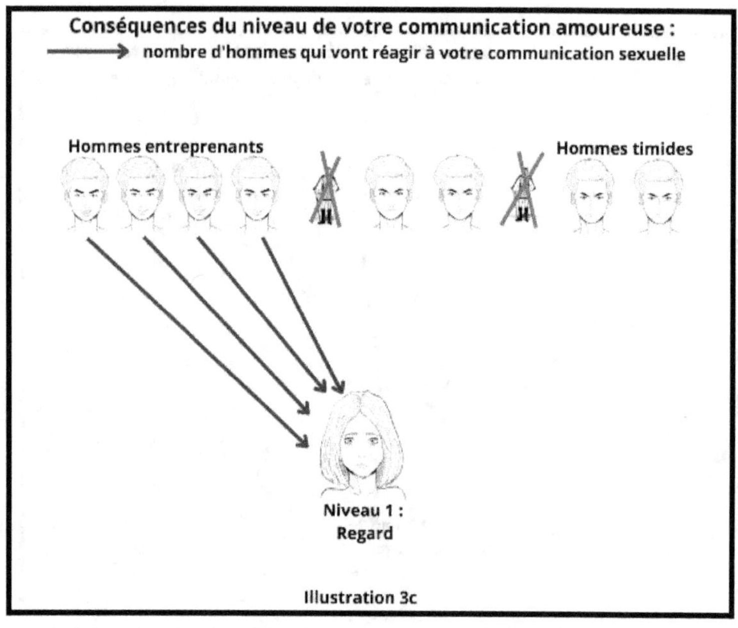

Illustration 3c

Avec ces schémas, vous avez une cruelle et pragmatique réalité des conséquences de votre manque de communication sexuelle. Vous savez maintenant pourquoi des hommes vous ont regardés, mais ne sont jamais venus à votre rencontre pour votre plus grande déception.

Il va donc falloir prendre conscience de cette réalité et développer votre communication sexuelle non verbale si vous voulez augmenter les chances que les hommes inconnus qui vous intéressent viennent vous rencontrer.

Prenez l'image d'un malentendant : plus il est sourd, plus vous devrez parler clairement et devant lui pour

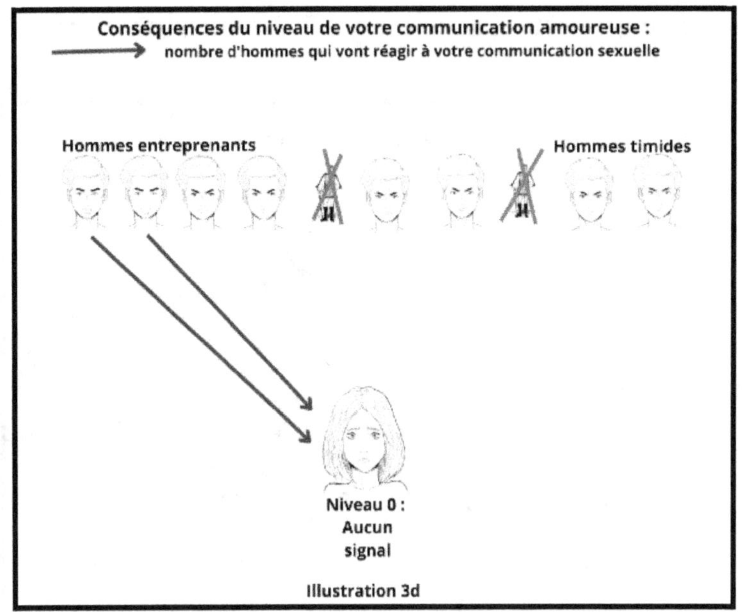

Illustration 3d

qu'il entende et soit en phase avec vous pour vous répondre. Une partie non négligeable des hommes est sourde à la communication sexuelle des femmes.

Quand vous connaissez l'homme, votre communication possède trois niveaux (voir illustration 3e) :

Si vous n'avez pas de communication amoureuse verbale, vous resterez uniquement dans le non verbal qui n'aidera pas votre prince charmant.
1. La suggestion camouflée (ex. «je ne sais pas où sortir ce soir pour aller danser »).

2. La suggestion claire (ex. « J'ai besoin de tendresse

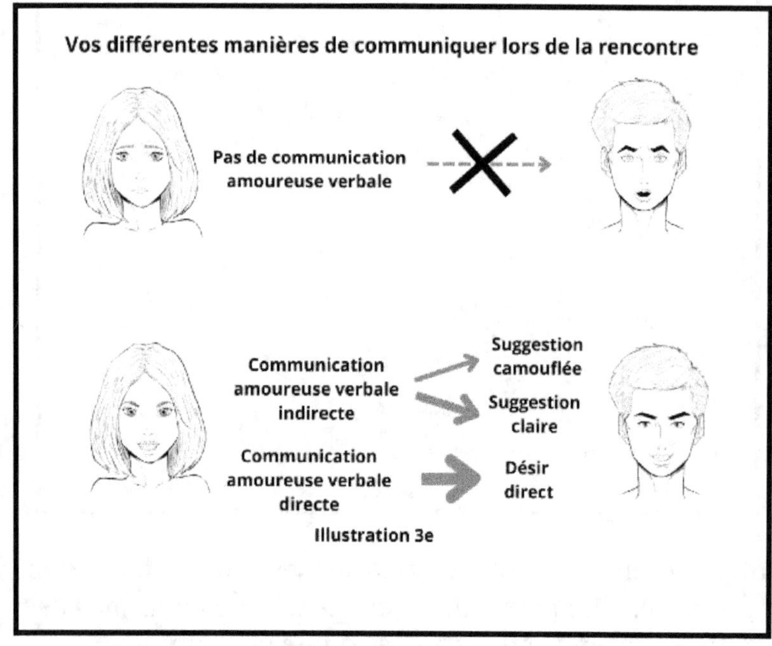

dans ce monde de brutes »).

3. Et le désir verbal et direct (ex. « J'ai envie de toi ! »).

Encore une fois, la puissance de votre communication sexuelle va être essentielle car mieux comprise lors de la rencontre. Pour mener la rencontre de manière fluide, vous devez l'adapter à votre interlocuteur.

D. La communication amoureuse / sexuelle de l'homme.

Les niveaux qualitatifs de communication amoureuse de l'homme (voir illustration 4) :

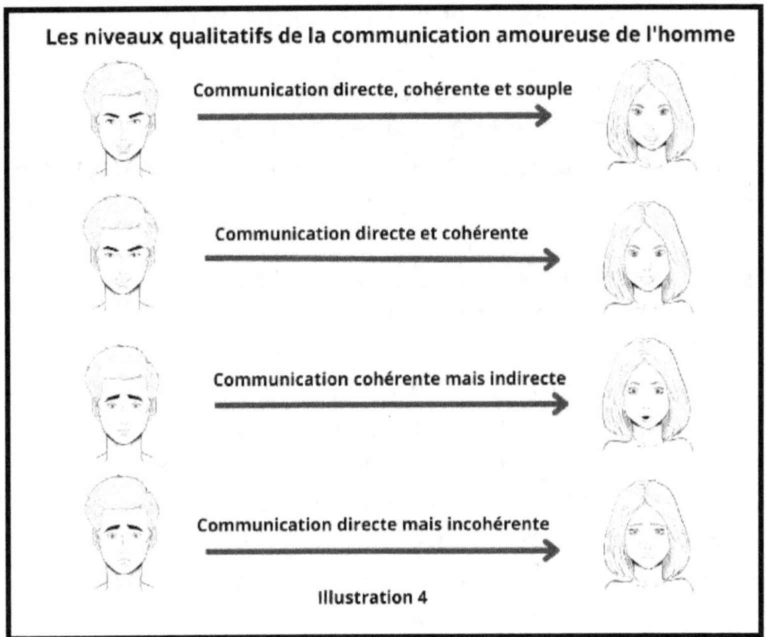

Il est important de comprendre la manière de communiquer de l'homme pour ne pas faire de mauvaise interprétation de leur approche. La bonne communication amoureuse de l'homme se construit sur trois piliers : directe, cohérente et souple.

Analysez la qualité de la communication de l'homme par rapport à cette grille de lecture. Ainsi, il vous sera plus facile de le rectifier ou de l'aider si nécessaire.

S'il manque de « dirigisme », vous allez tendre des perches pour le pousser à être plus entreprenant. Nous allons développer ce thème plus avant.

S'il est incohérent, vous allez la recadrer, le guider. Enfin, si il manque de souplesse, vous allez l'atténuer par une communication de retenue (votre fameux SDN).

L'enchaînement de la communication amoureuse de l'homme :

Après vous avoir abordé ou quand il est en contact avec vous, il devrait commencer par proposer une sortie diurne pour faire connaissance, la fameuse étape « découverte ». Selon la situation, une sortie en groupe, cela vous rassurera et ce sera plus facile pour lui à proposer. Rien ne vous empêche de le devancer et de suggérer vous-même le genre de sortie qui vous convient.

Puis, il va vous proposer une sortie diurne en tête à tête. Ça peut être la visite d'une foire, d'un musée, quelque chose qui vous plaît. Ceci afin de commencer à vous habituer à être en tête-à-tête avec lui.

Ensuite, éventuellement, il passera à la sortie nocturne dans une soirée ouverte, c'est à dire que vous allez être entourés, soit d'amis, soit une sortie festive en groupe.

Enfin, vient la sortie nocturne en tête à tête. C'est en général, soit une sortie restaurant, soit une sortie en boîte de nuit ou spectacle. Et là, il va développer une communication sexualisée.

Et la conclusion, il va vous prendre dans ses bras, vous embrasser et vous proposer peut-être de passer la nuit ensemble.

Bien-sûr, ce fil conducteur est un fil rouge fondamental d'un homme qui maîtrise bien la rencontre.

Mais, à votre initiative, vous pouvez ajouter quelques étapes en plus ou bien accélérer une étape.
Par exemple, vous êtes en vacances et vous rencontrez une homme dans la journée. Il peut tout à fait, à la faveur de l'été, vous inviter directement à une première sortie nocturne en tête à tête.
Si pour vous, c'est un peu rapide, vous lui dites que vous n'êtes pas dispo ce soir, mais demain, vous aurez plaisir à aller à la plage avec lui.

Un homme qui a de la dextérité va activer la technique de la contre proposition s'il vous sent fébrile à sa première proposition.
C'est le fait d'avoir le réflexe de faire une contre proposition plus soft, car il sent que sa proposition trop forte vous gène.
Un exemple :

Il vous propose d'aller manger chez lui. Il vous sent stressée devant cette proposition. Il fait une pirouette et vous propose d'aller dîner dans un restaurant.
Il vous propose de passer la nuit ensemble. Il vous sent retissante. Il va rétropédaler et vous dire qu'il se contentera pour ce soir d'un baiser fougueux.

Anecdote vécue ou entendue :

J'ai vu un film où il y avait cette scène : un homme retrouve son ex et il envisageait une nuit coquine avec elle en lui proposant d'aller diner ensemble. Manifestement, ce n'était pas réciproque sur le coup. Devant le blocage, que fit l'homme ? Il propose à son ex d'aller prendre une crêpe ensemble pour discuter. Devant le blocage évident, il fait une contre proposition plus soft pour reprendre la main. Il aura maintenant le temps de convaincre son ex de passer la nuit ensemble.

Il est évident que si vous aussi, vous maîtrisez la communication sexuelle, vous pouvez prendre les devant et rectifier la proposition de l'homme qui vous incommode :
Il vous propose d'aller chez lui, proposez-lui d'aller boire un cocktail dans un bar branché.
Il vous propose d'aller dîner, proposez-lui de déjeuner avant.
Là, c'est vous qui faites la contre proposition qui correspond mieux à vos attentes.
Vous ralentissez son élan sans le bloquer.

Très important : vous devez ralentir l'homme, pas le stopper, vous risqueriez de le perturber et de le bloquer. Il pourrait interpréter votre posture brusque comme une fin de non recevoir. Ayez conscience que l'homme doit toujours être en mouvement si vous voulez que cela se passe bien dans sa tête. A vous de réguler le mouvement.

Liste de communication sexuelle des hommes :

Vous voyez, c'est assez simple. Si un homme agit sur vous, c'est qu'il a une idée derrière la tête et surtout en dessous de la ceinture. Ce qui n'empêche nullement un sentiment sincère, je vous le rappelle.

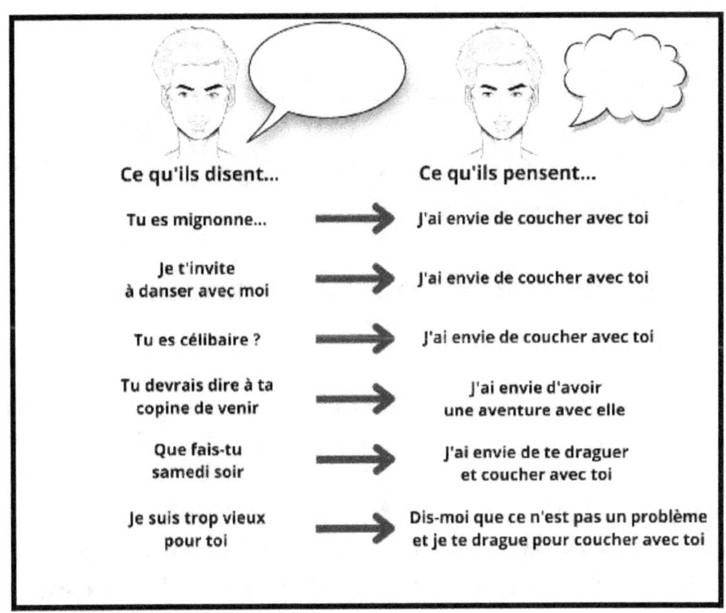

Mise en pratique :

1. Rappelez-vous 5 propositions d'hommes envers vous, qui vous a brusqué et bloqué, alors qu'ils vous plaisaient. Que pourriez-vous leur répondre aujourd'hui pour ne pas casser l'ambiance ?

2. Combien de fois un homme qui vous plaisait vous a dit : « Je te trouve charmante ou jolie, etc... ». Qu'est-ce que vous lui répondriez aujourd'hui à sa proposition indirecte ?

3. Rappelez-vous les trois dernières fois où vous avez commencé par dire « non » à des hommes qui vous intéressait. Que diriez-vous maintenant pour atténuer ce réflexe trop brutal ?

« Les hommes s'accouplent rarement avec les femmes qui ne les motivent pas (manque de féminité et de signaux sexuels), prince charmant compris. »

Ecrivez cela en lettre d'or au dessus de votre lit.

Parce que votre prince charmant, aussi amoureux soit-il, est d'abord et avant tout un homme qui obéira à des réflexes et des comportements d'homme : l'instinct est fondamentalement plus puissant que le coeur ! Sachant cela, facilitez-lui le chemin

vers vous, ses sentiments lui donneront peut-être des ailes.

E. La rencontre amoureuse est une combinaison de pouvoir de séduction et de pouvoir de conquête.

Il est très important pour la compréhension du jeu amoureux de bien dissocier ces deux pouvoirs qui sont viscéralement différents, mais complémentaires.

Le pouvoir de séduction :

Le pouvoir de séduction est un pouvoir d'attraction, un pouvoir qui fait qu'un homme va vous désirer. Tel homme va se dire en vous voyant : « Oh celle la, si je l'attrape, qu'est-ce qu'elle va prendre ! ».

Ce pouvoir relève, en premier lieu :

De votre apparence :
*Le physique,
*La gestuelle,
*La tenue vestimentaire.

De vos qualités « intérieures » quand vous connaissez votre cible :
*Le ton de la voix,
*L'éducation,
*Votre manière de réagir,
Etc...

Ce sont les paramètres principaux, mais on pourrait en trouver d'autres.

Le pouvoir de séduction est uniquement statique : il attire l'attention de l'homme, mais ne l'amène pas dans votre lit. Il ne vous apporte généralement qu'un succès théorique.

Le pouvoir de conquête :

Anecdote vécue ou entendue :

Un jour, je coache une femme qui dirige son entreprise. Une femme qui a donc des facilités de conversation et qui est à l'aise dans les discussions. En plus, c'était une jolie femme. Et elle me dit : « Avec les hommes, ça ne marche pas, ça coince et je ne comprends pas pourquoi ». Je lui ai donné cette explication : les hommes la considéraient comme un chef d'entreprise uniquement et ne pensait pas à autre chose, d'autant plus que cette femme restait dans une communication professionnelle. Si elle voulait que la situation se débloque, il fallait qu'elle développe une communication qui fasse comprendre à l'homme que derrière la cheffe d'entreprise, il y a avait une femme libre et que hors travail, il aurait une femme en face de lui, pas un chef d'entreprise. Elle a mis un peu de temps pour évoluer et ensuite, quand elle rencontrait un homme qui lui plaisait dans son cadre de travail, elle tendait une perche sexualisée pour connecter l'homme sur une rencontre amoureuse et non une rencontre professionnelle. Et elle a pu voir l'évolution dans ses relations avec les hommes qui l'intéressait.

Votre communication sexuelle est votre pouvoir de conquête dans toutes les situations.

Le pouvoir de conquête relève des actions successives que vous allez mener pour débuter une relation amoureuse avec l'homme séduit. C'est précisément avec ce deuxième pouvoir que les femmes timides ou maladroites ont généralement un problème.

Ce pouvoir va faire que l'homme va se dire : « Tiens, elle, elle aimerait bien avoir une aventure avec moi ! » Et s'il est intéressé, ça va le motiver et le guider vers la relation intime avec vous, grâce à vos actions et initiatives (les fameuses perches notamment).

Ce pouvoir relève de vos actions concrètes :

*Attirer
*Tendre des perches,
*Suggérer,
*Extérioriser votre désir sexuel,
*Lui demander de vous embrasser,
*L'attirer chez vous.

Contrairement au pouvoir de séduction, le pouvoir de conquête est un pouvoir toujours en mouvement : il est proactif et va vers l'homme.
C'est ce pouvoir qui permet un succès réel en faisant aboutir la rencontre, celui qui va vous permettre de CHOISIR vos hommes, tant que faire se peut.

Il y a celles qui cumulent les deux pouvoirs, elles sont irrésistibles. Non seulement elles savent éveiller leur désir sexuel, mais en plus, elles savent comment les attirer vers la relation amoureuse !

Ensuite, vous avez celles qui n'ont que le pouvoir de séduction. On les surnomme souvent des femmes inaccessibles ou froides. Elles sont très désirées, mais rarement conquises.

Puis, celles qui n'ont que le pouvoir de conquête. On les qualifie de « dragueuses ». On les trouve souvent lourdes parce qu'elles ne savent pas séduire avant de conquérir.
Mais, à l'usure, elles arrivent parfois à leur fin quand il n'y a pas de concurrence intéressante !

Et enfin, celles qui n'ont développé aucun des deux pouvoirs !
No comment ....

F. Fil rouge pour la conquête de l'homme.

Ces différences naturelles décrites dans la première partie, vont dessiner lors de la rencontre, un mode opératoire spécifiquement féminin.

Phases logiques et cohérentes dans la stratégie de conquête du prince (voir illustration 5) :

1. Il n'est pas dans la nature des femmes, d'aller directement sur leur objectif, contrairement aux hommes. Et cela n'a rien à voir avec une supposée timidité ou manque de personnalité, mais c'est dû à

leur configuration naturelle qui leur fait privilégier instinctivement l'approche indirecte.
Votre but est alors d'attirer l'homme désiré vers vous ! Et cette partie relève de votre ENTIÈRE responsabilité.

Et pour attirer et rencontrer un inconnu, il n'y a pas 36 solutions : l'attraction physique aidée par votre communication sexuelle !

2. L'homme convoité vient à votre rencontre, il a mordu à l'hameçon. Mais ce n'est pas si simple, il va falloir maintenant vous sentir bien avec lui pour avancer dans la rencontre. Vous êtes une femme et tant que vous n'êtes pas rassurée, ça coince !
Il faut donc contenir les envies de cet homme, car généralement, son premier but est de coucher avec vous dès que possible. C'est dans sa nature quels que soient ses sentiments. Il est d'abord guidé par ses envies sexuelles, même si d'autres critères vont entrer en compte. Ce qui le rend souvent maladroit, pressant.
Comme vous ne tomberez pas toujours sur un homme qui a du tact, il va falloir l'aider à en avoir. Et pour cela, vous devez le garder à distance le temps que vous vous sentiez bien avec lui sans pour autant le démotiver dans sa cour.
La maladresse d'un homme n'induit nullement qu'il serait malveillant et pas ou peu sincère.
Vous devez être régulatrice.

3. Maintenant que vous vous sentez prête à aller jusqu'au bout, vous donnez le « coup de grâce » en

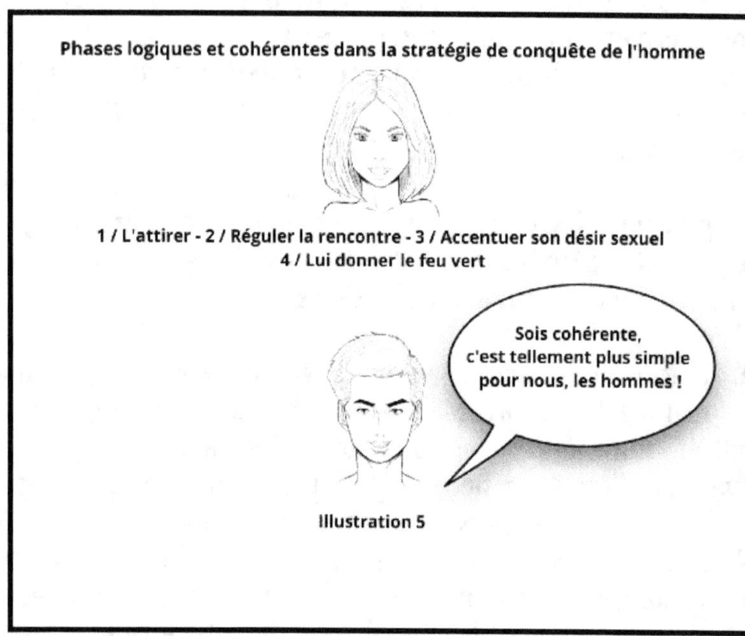

faisant ressortir tous vos atouts féminins (vêtements, maquillage léger, parfum délicat et surtout hygiène parfaite, dents blanches et bonne haleine).

RAPPEL : la première peur de l'homme, souvent inconsciente, est de ne pas assurer au lit (pas d'érection). Alors, vous devez être toujours aussi attirante pour le rassurer sur sa puissance sexuelle. De toute façon, maintenant, vous êtes prête à assumer son assaut ! Vous devez tout faire pour limiter son « hésitation biologique ». Et je le répète encore et encore, se concentrer sur le sexe n'empêche nullement d'être sincèrement amoureuse. Vous devez apprendre à lier les deux en toute sérénité.

4. Partant du principe naturel que c'est l'homme qui conclut la rencontre par un acte viril (vous prendre dans ses bras, vous amener sur un lit), vous devez lui donner le feu vert de manière claire pour éviter toute hésitation qui pourrait plomber l'étape.

Cyrano rappelle : « A partir du moment où elle est rassurée, une femme dynamique n'attend pas ou peu, elle provoque l'action de l'homme ».

« L'homme n'est pas un devin, c'est bien à vous de lui donner le feu vert et non pas à lui de le deviner » !

Voilà les quatre étapes principales que doivent respecter les femmes....

Car si vous ne respectez pas l'ordre de ces étapes.....

Vous passez directement de l'étape 1 à l'étape 4 : vous attirez et donnez le feu vert, la surprise risque de bloquer votre courtisan et surtout vous risquez de passer pour une femme facile. Si c'est pour un coup d'un soir, ça passe, mais sinon : danger !

Vous passez directement de l'étape 1 à l'étape 3 : alors que vous n'êtes pas prêtes, votre incapacité à contenir son désir va créer agacement et rejet. C'est souvent une erreur inconsciente d'adolescente.

Vous passez directement de l'étape 2 à l'étape 4 : vous donnez le feu vert sans avoir pris soin de l'exciter, c'est le rejet presque assuré car l'homme ne se sentira pas sûr de lui biologiquement parlant. Il craindra de ne pas « assurer ». Ancrez dans votre esprit que l'excitation sexuelle de l'homme est à la base de TOUT son comportement global.

Alors, ne prenez pas de risque, respectez les étapes ! Vous éviterez les rejets instinctifs ou énervements chroniques car les hommes sont tous les mêmes sur ce plan-là. Vous ne savez pas y faire avec un homme, vous ne savez y faire avec aucun !

Comme vous pouvez le constater, avec les hommes, il vaut mieux respecter les étapes. Nous verrons cela plus en détail dans le prochain module.
Et comme disait un grand chef de cuisine à son apprentie un peu aventurière : « Avant d'envisager de casser les règles, tu dois apprendre à les maîtriser ».

G. Les trois clefs incontournables du succès auprès des hommes.

Toute la construction de votre comportement devra toujours s'articuler sur trois clefs essentielles (voir illustration 6) :
Être féminine/sexy, compréhensible et régulatrice.

En TOUTE circonstance, vous devez être attirante, c'est-à-dire optimiser votre capacité à éveiller le désir sexuel de l'homme car LA rencontre peut arriver n'importe quand et n'importe où.

Première clef : la féminité/être sexy (rassurer l'homme sur votre capacité à éveiller son désir sexuel) est un ingrédient incontournable pour que l'alchimie s'opère avec les hommes puisque sans le déclenchement de sa virilité sexuelle (son désir), il ne se passera rien.

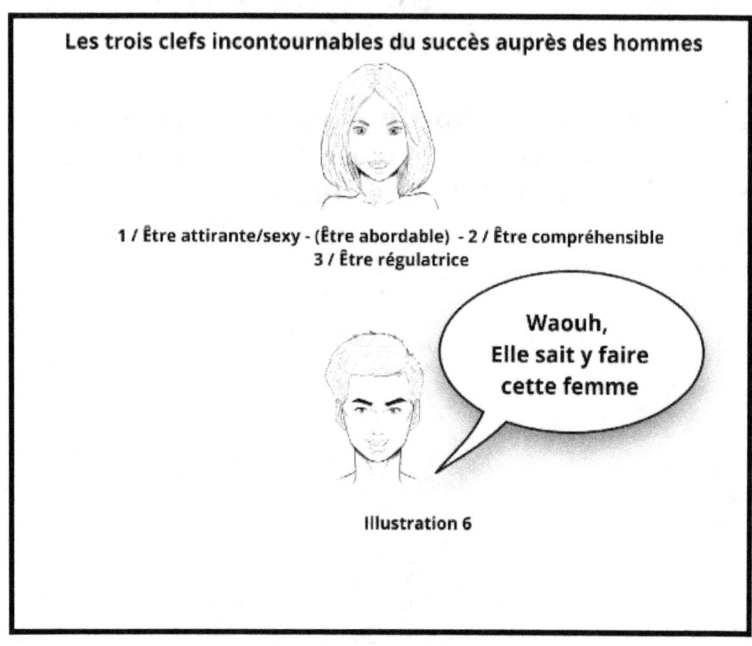

Illustration 6

Humour : vous connaissez la différence entre une femme vulgaire et une femme élégante ? La première propose ses fesses en les montrant, la seconde propose ses fesses sans les montrer.

C'est très bien d'être élégante. Mais si à la longue, vous ne voyez jamais les hommes qui vous intéressent venir vous courtiser, remettez-vous en cause et soyez un peu moins discrète...

Et bien-sûr, ça coule de source, vous devez être abordable. Il faut tout faire pour faciliter sa venue. C'est maintenant ou jamais.

2. A partir du moment où l'homme vous intéresse, il faut l'inciter à venir à votre rencontre.

Deuxième clef : avoir une communication sexuelle claire et efficace adaptée à l'homme que vous avez en face de vous pour qu'il soit rassuré sur votre intérêt et vienne à votre rencontre.

3. Ensuite, vous devez contenir sa cour au cas où vous tomberiez sur un maladroit...

Troisième clef (pas nécessaire si l'homme est adroit) : savoir réguler la rencontre pour maîtriser celle-ci et vous sentir à l'aise sans casser la rencontre.

4. Enfin, en option, mais utile, vous devez maîtriser correctement le déroulement intérieur de chaque étape pour vous adapter aux défaillances de l'homme.

A partir du moment où vous assumerez et maîtriserez ces trois clefs, vous pourrez développer une clef en option : la maîtrise du jeu par une bonne compréhension des hommes pour ainsi repérer leurs défaillances et y remédier (Lisez mon livre jumeau dédié aux hommes). Ainsi, si votre coeur s'intéresse à un homme à l'interaction un peu compliquée et défectueuse, vous ne raterez pas la rencontre grâce à votre savoir faire.

Certes, cette clef n'est pas incontournable. Mais si votre prince montre quelques défaillances, il faudra vous adapter et, peut-être, prendre en main, à votre manière, l'intégralité de la rencontre pour la faire aboutir.

Plus vous assumerez ces clefs, plus les opportunités qui se présenteront à vous, se transformeront en aventures réelles.

Cyrano le répète : les sentiments sont un ressenti et ne remplace en aucun cas les actions que vous devez mener.

Synthèse des fondamentaux

Choisir votre vie amoureuse ne dépendra pas du hasard ou de votre bonne étoile, mais de votre comportement envers les hommes qui vous intéressent. Le hasard s'arrête quand la vie vous donne l'occasion de rencontrer un homme qui vous attire.
L'alchimie amoureuse dépend d'abord et avant tout de votre capacité à assumer et développer certaines aptitudes instinctives fondamentales.

Les femmes et les hommes sont des êtres distincts et obéissent à des craintes, attentes et réflexes différents lors du processus amoureux.

L'homme et la femme ont des méthodes de « drague » profondément différentes, dues à leur nature différente.

Il y a des clefs à connaître et à assumer lors de la rencontre sous peine d'échecs récurrents : être attirante, être compréhensible, être régulatrice.

Le moindre manquement à ces règles pourra sanctionner négativement de réelles espérances amoureuses voulues des deux côtés.

Saint Exupéry a dit : « Il ne s'agit pas de prévoir l'avenir, il faut le rendre possible ».

Revu en rapport avec notre thème :
« Il ne s'agit pas de prévoir l'amour car vous ne savez pas quand et comment le prince charmant va arriver, mais il faut le rendre possible à tout instant ! » Pour cela, il faudra être prête à respecter les codes à tout moment !

Plus vous maîtriserez le processus amoureux fondamental, plus votre coeur choisira ses partenaires.
Nous sommes les seuls responsables de la qualité de nos histoires d'Amour.

Mise en pratique :

1. Quelles erreurs récurrentes dans votre comportement et vos pensées avez-vous identifié avec ce module ?

2. Analysez vos échecs passés et notez sur un cahier. Cette expérience par l'échec sera une expérience instructive. Ce sera du vécu et vous aurez la confirmation de vos erreurs passées.

3. Observez les femmes qui ont du succès autour de vous. Ont-elles plus de qualité que vous ? Sont-elles plus jolies que vous ? Posez-vous la bonne question : « Que font-elles que je ne fais pas ? ».

4. Que pourriez-vous changer dans votre apparence pour améliorer votre sex-appeal ? Questionnez votre entourage ou bien, faites appel à une conseillère ou un conseiller en image.

5. Tenez un journal de bord, cela vous sera très pratique pour vos analyses futures et voir votre évolution.

2

Ce que vous devez assumer durant la rencontre.

Introduction

Le but n'est pas de devenir une experte. Je ne crois pas que ce soit nécessaire pour réussir une rencontre et sa vie amoureuse.

Par contre, il faut maîtriser correctement les mécanismes et la logique de la rencontre pour ne pas rater LA rencontre qui changera votre vie ! Car il suffit d' 1 homme pour changer le cours de votre vie.

Nous allons essayer de baliser plus finement la rencontre à chaque étape : avant la rencontre - la prise de contact - la phase « découverte » - la phase « ambiance intime » - la conclusion sous la couette.

Avec ce fil conducteur, vous allez analyser vos anciennes rencontres, et vous allez déterminer les causes de nombreuses erreurs. Vous vous remettrez en question sur des bases solides et universelles.

Mais que ces étapes se fassent en une soirée ou en quinze jours, ayez conscience que cela ne changera rien au fait qu'il faudrait mieux respecter l'ordre des étapes !

A. Avant la rencontre

Qu'est-ce qui les attirent et ce qui les repoussent ?
Pour vous les femmes, c'est clair, votre succès se prépare, en grande partie, avant la rencontre ! Cela s'appelle le pouvoir de séduction, ça vous parle ?

Chez les hommes, il est toujours facile de savoir en tout premier lieu ce qui les attire.
Les hommes sont des visuels : vous êtes attirante/sexy ou vous ne l'êtes pas ! Dans un premier temps l'homme est assez binaire, vous éveillez son désir ou pas.

Petits conseils :

Une rencontre se prépare en amont, elle ne s'improvise pas du tout pour vous mesdames et demoiselles.

Soignez votre apparence :
Quand vous sortez en ayant pour but une rencontre, vous ne devez rien négliger.

Mettre son apparence en valeur, c'est développer sa stratégie de séduction.

Plus vous serez attirante, plus vous avez de chance que votre prince vous remarque.

Un prince charmant est un homme comme les autres : si vous n'êtes pas attirante le jour où vous allez le croiser, il ne vous remarquera probablement pas. A ce niveau là, les femmes n'ont pas le choix, les hommes sont tous les mêmes.

Les hommes qui vous diront « cette femme ne me plaît pas, ne m'attire pas, mais je l'aborde parce que je vais tomber amoureux » n'existent pas.

Installez-vous dans un endroit où vous serez vu :

Quand vous arrivez à destination, analysez les lieux et essayez de vous positionner dans un endroit où vous serez vu, où il va y avoir du passage.

Ayez toujours en tête que l'homme est un visuel, un chasseur, il cherche des yeux les femmes qui lui plaisent. Alors, si vous êtes cachée.........

Sortez de votre groupe de temps en temps :

Même si vous n'avez repéré aucun homme, rien ne dit qu'un prince ne vous a pas repéré et qu'il attend que vous soyez abordable pour agir. Il y a peu de chance qu'il vienne vous aborder dans votre groupe sauf dans une soirée à thème comme une soirée dansante.

L'état d'esprit que vous devez avoir :

Celui de la pêcheuse qui, quand elle a repéré un homme qui lui plaît, se débrouille pour mettre l'hameçon (votre sex appeal) dans son champ visuel.

Vous êtes une pêcheuse proactive, c'est à vous de vous faire repérer des hommes susceptibles de vous intéresser, n'attendez pas qu'ils vous trouvent !

Pour encore insister sur l'importance de votre « côté sexy» avec les hommes, si vous vous dites : « J'ai envie qu'un homme m'aime pour moi, pas pour mon physique !», vous vous trompez et faites une erreur stratégique de premier ordre car le prince charmant est d'abord et avant tout un homme ! Et si vous n'attirez pas son attention, il ne viendra pas vous courtiser et ne deviendra jamais l'homme de votre vie. Vous devez vous dire : « J'ai envie de rencontrer un homme qui ne m'aimera pas QUE pour mon physique ! ». La nuance, croyez-moi, rendra votre stratégie bien plus efficace.

Test révélateur pour les femmes : Changer votre apparence, déféminisez-vous !

Pour que vous vous rendiez compte de l'importance de votre féminité, faites ce test : un soir, sortez habillée de manière neutre (presque comme un garçon) et sans maquillage. Comptez le nombre de fois où vous serez abordée pour différentes raisons (danser, boire un verre, etc...) et essayez de comptabiliser un peu les regards qui se poseront sur vous.

La semaine suivante, retournez au même endroit, sexy à souhait (jupe, décolleté, beau maquillage) et faite les mêmes comptes. En fin de soirée, vous prendrez conscience de manière très concrète et vécue de l'influence de votre féminité sur le comportement des hommes !

Et quand un homme vous dit que vous êtes sexy, ne le prenez pas mal. Dans leur bouche, c'est un compliment et généralement une proposition indirecte : « Tu me plais, qu'en penses-tu ? Si je t'intéresse, envoie un message en retour ! »

Erreurs stratégiques fréquentes des femmes : elles retirent l'appât avant que le poisson convoité ait mordu. Ou bien, elles ne mettent l'appât qu'à certaines conditions! Mesdames et demoiselles, ces façons de penser vous mèneront dans l'impasse. Si vous attendez de connaître le « CV » d'un inconnu avant de vous ouvrir, vous les raterez presque tous. Et vous serez la proie régulière des « tombeurs » ou autres séducteurs.

De même, si vous voulez tester un homme avant de vous ouvrir, il faut au moins le laisser vous connaître un peu et lui laisser les moyens de vous recontacter. Sinon, la rencontre avortera avant même d'avoir commencé !
Dans tous les cas de figure, vous devez faire mordre à l'hameçon l'homme qui vous intéresse car vous ne savez jamais si l'occasion va se représenter. Ensuite, vous avisez d'une stratégie pour le tester.

B. La prise de contact

Définition : c'est la phase entre le moment où vous avez repéré un homme qui vous plaît et le moment où vous entamez une discussion avec lui.

Sauf situation exceptionnelle, la prise de contact réussie suit toujours les mêmes schémas.

Les quatre scénarios possibles de prise de contact entre deux inconnus.

Première possibilité : le scénario parfait « coup de foudre » réciproque.

la prise de contact commence par un échange visuel, puis un sourire. Ensuite la femme fait de la gestuelle qui envoie un signal fort. A la vue de ce signal, l'homme va à la rencontre de la femme et entame la conversation.

C'est la prise de contact idéale. Si les femmes et les hommes étaient non timides et « branchés », c'est ce qui devrait se passer à chaque fois que deux êtres se croisent et ont envie de se connaître.
Alors, essayez d'être parfaite et de vous ouvrir et clignoter suffisamment si vous croisez un prince charmant potentiel. C'est maintenant ou jamais car la vie ne vous donnera peut-être qu'une seule fois l'occasion de le rencontrer.

Deuxième possibilité : l'homme vous aborde, sans préalable, soit avec un alibi anodin, soit dans l'intention de vous courtiser très clairement.

Troisième possibilité : vous abordez l'homme en premier (avec généralement un alibi anodin), l'homme rebondit si intéressé et vous propose de discuter et d'aller boire un verre.

Comportements dynamiques et idéals de prise de contact de chaque sexe à travers deux publicités comparatives :

Dans les années 80, une publicité pour un déodorant montrait un homme ayant le coup de foudre pour une passante inconnue. Il court chercher des fleurs, va voir la jeune femme et commence à lui faire la cour.

En 2003, une autre publicité pour un déodorant est diffusée.
Dans ce cas de figure, le scénario est différent : c'est une étudiante dynamique qui a le coup de foudre pour un jeune homme. Que fait-elle ? Va-t-elle chercher des chocolats, et aborder le jeune homme pour faire connaissance ?
Non, elle fait le tour du pâté de maisons pour recroiser le garçon, et lui rentre dedans « innocemment » en laissant tomber ses cahiers, pour se faire remarquer, en espérant que le garçon va la trouver attirante, réagisse et l'invite à aller boire un verre.
Analysez les rencontres amoureuses dans les films, vous trouverez deux schémas fondamentaux. Soit l'homme aborde la femme et lui propose de faire connaissance (l'homme est proactif), soit la femme provoque la rencontre pour se faire remarquer du garçon désiré, afin qu'il lui propose de la connaître davantage (la femme est proactive). Les autres schémas relèvent de l'exception, car ils sont « contre-nature ».

Un autre exemple de stratégies comparées :
- Une fille est assise à une table, un garçon s'intéresse à elle.
Celui-ci vient lui proposer de boire un café pour faire connaissance.

- Un garçon est assis à une table, une fille s'intéresse à lui.
Elle va passer devant la table du garçon, en ralentissant, en le regardant, en espérant qu'il va la remarquer, et lui proposer de boire quelque chose. Ou alors, elle va aller lui demander quelque chose en espérant qu'il va lui proposer de s'asseoir et faire connaissance.

Ces deux stratégies diffèrent profondément, dans le sens où celle de l'homme est visible et compréhensible. Là où vous ne pouvez pas ne pas comprendre que l'homme vous invite à faire connaissance, tous les hommes ne vont pas nécessairement voir que vous vous mettez en situation d'être invitée pour faire connaissance. La femme convaincue d'avoir fait le job, voyant que l'homme ne réagit pas, abandonne alors que c'est l'homme qui n'a pas compris. Vous devez accentuer la « provocation » pour assurer la prise de contact.

Cyrano rappelle : « Même dynamique et entreprenante, vous n'aborderez pas un homme de la même manière et userez d'une approche différente. » Ayez conscience de cette différence car elle est moins évidente à comprendre pour les hommes.

Vous n'êtes pas un homme comme les autres ! Vous êtes une femme avec votre propre nature, votre propre stratégie et votre propre communication.

Quatrième possibilité : le réseau social

C'est la solution la plus simple et facile. Vous rencontrez des hommes à travers le travail, vos hobbies, vos amis, vos sorties en groupe, sur le web, etc...

L'avantage de cette possibilité est que votre alibi pour prendre contact est direct et facile à assumer puisque c'est le réseau qui vous donne l'occasion de l'aborder.

Mais si vous restez cantonnée dans votre réseau social et que votre prince n'y est pas, c'est l'impasse.

le réseau social ne doit surtout pas être une fin en soi. La rencontre imprévue avec un inconnu doit rester votre objectif.

« Le premier pas ».

Mesdames et demoiselles, sachez que si votre premier pas n'est pas d'aller à la rencontre de l'homme et d'entamer la conversation, votre premier pas existe bien, mais est différent. Le vôtre est de vous rendre abordable et de lui envoyer des signaux d'ouverture pour le rassurer et le motiver à vous aborder.

La peur du fameux « vent » (râteau chez les hommes), c'est à dire, la non réaction de l'homme à vos avances.

Plus vous comprendrez qu'envoyer des signaux d'ouverture aux hommes qui vous intéressent est dans la nature des choses, moins vous aurez peur du vent parce que vous n'avez pas le choix si vous voulez choisir vos hommes. Si ça ne fonctionne pas, tant pis ! NEXT !

« Le vrai vent, ce n'est pas quand l'homme n'a pas réagi, c'est quand vous n'avez pas fait comprendre à l'homme qu'il pouvait agir » !

Une bonne analyse de vos « vents » sera un pilier de votre succès futur car ils sont souvent dus uniquement à vos erreurs d'appréciation et au manque de lisibilité de votre communication sexuelle.

Et rappelez-vous toujours, cela vous consolera et motivera : « Les seules femmes qui ne prennent pas de « vents » sont celles qui n'envoient ni signaux, ni messages ! ». Mais sauf miracle, il ne se passera rien d'intéressant dans leur vie.

C. Les différentes raisons de la « non réaction » de l'homme lors de la prise de contact :

L'homme ne réagit pas parce que :

1 / il n'est pas intéressé ou a déjà quelqu'un dans sa vie. Cette situation peut arriver régulièrement, on ne peut pas plaire à tout le monde. Cet homme ne vous abordera pas.

2 / Il ne traduit pas votre communication. Il est déconnecté. Il va « bugger » et ne pas réagir.

3 / Il n'ose pas vous aborder. Il est timide et va avoir le réflexe d'un homme timide, il va rester bloqué et ne pas bouger, seulement vous regarder.

4 / Votre communication amoureuse est inadaptée, trop légère ou maladroite. il zappera et aura besoin de votre aide pour avancer.

Mesdames et demoiselles, nous pouvons remarquer que parfois une « **non réaction** » ne tient pas à grand-chose, ce qui veut dire qu'une réaction ne tient, elle aussi, souvent à pas grand-chose non plus. D'où l'importance, les filles, de relativiser la « non réaction » et de se dire : « la prochaine fois, j'en ferai plus et la rencontre basculera dans la bonne direction » ! Surtout si l'homme vous regarde. Un homme ne regarde pas une femme sans raison.

Cyrano rappelle : Dans le doute, ne vous abstenez pas, COMMUNIQUEZ !

A cause des raisons de 2 à 4, il vous faudra de nouveau réactiver votre communication amoureuse quand vous en aurez l'occasion de manière plus visible et compréhensible. Et la réaction, à votre grande surprise, pourrait être différente.

Cyrano rappelle : « Ne jamais se fier à l'apparente passivité des hommes, surtout s'ils vous regardent ! »

« Mieux vaut prendre le risque de passer pour une allumeuse, une femme facile que de rater l'homme de sa vie ! »

Une femme considérée « facile » est une femme qui saute sur tout ce qui bouge, pas une femme qui s'intéresse de manière déterminée à UN homme.
Si la rencontre, pour diverses raisons indépendantes de votre volonté ne débouche pas sur la phase suivante, vous ne devez pas oublier de permettre la continuité de la rencontre par une perche tendue. Ça peut suffire pour faire basculer la rencontre dans le sens désiré.

Pensez au soulier de Cendrillon ! Laissez toujours un moyen à votre prince charmant de vous retrouver ou de vous recontacter. Beaucoup de femmes ont raté une belle aventure parce qu'elles avaient oublié ce simple réflexe.

Et surtout, évitez les stratégies fumeuses qui vous conseillent de faire semblant de l'ignorer alors que vous ne le connaissez pas encore. La stratégie du chaud-froid, ce sera plus tard, si nécessaire, durant la rencontre.

D. La phase « Découverte »

Définition du premier rendez-vous ou phase pour faire connaissance : moment qui suit la prise de contact où la femme et l'homme ont des discussions d'ordre général.

Durant ce moment, vous pouvez parler de sujets divers, mais légers. N'hésitez pas à parler de vos passions et hobbies pour donner une image dynamique de votre personne. Intéressez vous à ses hobbies, travail et occupations. Beaucoup d'hommes aiment être écoutés et admirés. De plus, ces discussions vous donneront des éléments d'appréciation sur votre inconnu. Trouver des passions communes est l'idéal.
Vous devez être souriante, attirante et montrer de l'intérêt à ses projets ou actions.

Ayez le réflexe des questions ouvertes : celles où on ne peut pas répondre par oui ou par non. Préparez-les éventuellement pour être plus rassurée. Une anti-sèche ne fait de mal à personne et peut être très utile.

A ne pas faire :

A moins que ce soit lui qui vous amène sur le thème, évitez de parler de votre vie privée. Il y aura un temps pour cela. Restez dans des sujets légers : passions, vie de tous les jours, musique, etc......Des sujets faciles qui ne provoqueront pas de blocage ou de gène.

Même si en général, les femmes parlent plus que les hommes, vous pourriez accaparer la parole et asphyxier votre partenaire qui ne trouvera plus sa place. Permettez l'échange, aidez le à parler, il ne s'en sentira que mieux.

Ne jamais quitter un homme sans lui avoir tendu une perche pour le revoir. Incitez-le à vous faire une proposition, laissez-lui votre numéro de téléphone.

Cette étape, qui a pour buts principaux de faire connaissance et de vous sentir bien en sa présence, peut se renouveler une ou deux fois sans qu'il y ait inquiétude.

Appréhension ou sérénité dans l'interaction précédent le début de la phase intime :

Avant de parler de la phase « intimité », je vais insister sur un moment que vous appréhendez souvent : sa proposition qui sous entendrait une possible intimité sexuelle imminente...

Beaucoup d'entre vous appréhendent cette étape. Entrer dans la phase intime est plus délicate et stressante que d'être dans les rendez-vous de découverte.

La peur de la probable proposition sexuelle de l'homme vous bloque souvent avec toutes les conséquences que cela pourrait avoir sur la suite des évènements.

Combien de femmes refusent, après un premier rendez-vous, une proposition nocturne alors qu'elles en mourraient d'envie et ainsi prennent le risque de faire capoter la rencontre.

Pourquoi ? Parce qu'elles sont stressées par la future proposition de fin de soirée du prétendant. Alors, en plein désarroi, elles préfèrent abandonner en route.

Il y a quatre postures possibles :

La première : la pire, vous êtes tellement inquiète de la proposition éventuelle de l'homme que vous noyez le poisson dès que vous pouvez et refusez la suite.....Vous venez, peut-être de sonner la fin de la rencontre. Car certains hommes traduiront ce comportement comme une fin de non recevoir.

La deuxième : il vous propose une sortie nocturne en tête à tête, mais vous êtes nerveuse. Durant la soirée, vous appréhendez le fait qu'il va vous proposer de continuer la nuit ensemble ou essayer de vous embrasser. Et ce stress risque de se transmettre au courtisan. L'atmosphère risque de se refroidir et la soirée pourrait se terminer en impasse. A moins de tomber sur un homme qui maîtrise ce genre de situation, le stress va se communiquer et augmenter la tension négative avec pour risque de bloquer la suite des évènements.
Une astuce : s'il vous propose un dîner chez lui, proposez plutôt un restaurant en ville, vous serez moins stressée.

La troisième : Vous êtes invitée et vous passez la soirée sans vous soucier de la conclusion. Et quand l'homme vous propose d'aller plus loin, vous temporisez la proposition avec tact. Mais cela ne devrait pas avoir de conséquences négatives. Faites-le avec humour.

La quatrième : vous allez durant le dîner, faire comprendre à votre courtisan que pour ce soir, vous en resterez à la sortie nocturne, mais que la prochaine fois.... Vous maîtrisez pleinement cette situation et vous ne stressez pas. C'est le manque de maîtrise qui provoque votre stress.

Un homme sincère patientera sans problème. Ne vous inquiétez pas, avancez à votre rythme. S'il est trop insistant, c'est qu'il fait peu de cas de votre ressenti. Vous pouvez tourner la page.

Si vous êtes dans les troisième et quatrième situations, pas de problème, la rencontre aboutira.

Si vous êtes dans les deux premières, il va falloir suivre mon conseil qui suit.

Un conseil pour vous enlever le stress : au lieu de stresser sur la supposée proposition sexuelle de l'homme, concentrez-vous sur la qualité et la cohérence de votre réponse à toute tentative que vous ne seriez pas prêtes à assumer.

Les femmes d'expérience savent ce qui les attend avec les hommes, elles ne sont pas surprises et connaissent leur rôle pour maîtriser la rencontre. Elles ne se soucient nullement de ce qui va se passer ensuite puisqu'elles le savent. Elles préparent leurs réponses sereinement.

Elles ne disent pas « non » à un homme qu'elles veulent conquérir, elles différent le « oui », ou au pire un « peut-être » en distillant l'information durant la soirée.

« Une femme qui « sait y faire » avec un homme est une femme qui ne le castre pas, mais guide sa virilité. Et dans cette phase, vous devez sereinement anticiper son action : vous embrasser, vous proposer de passer la nuit ensemble ? Et vous préparez votre réponse. Vous verrez, la soirée deviendra beaucoup plus cool.

Je vous le répète : les hommes sincères ont une grande capacité pour patienter si vous savez leur faire comprendre sans qu'ils se sentent pris pour des imbéciles.

E. La phase « Ambiance intime »

Définition du rendez-vous ou phase « Ambiance intime » : moment où la femme et l'homme, après avoir fait connaissance, vont entrer dans une certaine complicité sexualisée en paroles et en gestuelles.
C'est l'étape qui va faire que l'on va passer d'un feeling « amical » à un feeling sexualisé, amoureux.
A ne pas confondre avec l'intimité sous la couette.

Constante universelle :

« Pour que cette étape se passe bien, la femme doit obligatoirement accentuer le désir sexuelle de l'homme »

« L'instinct sexuel est un instinct de base, pas un bas instinct.

Et l'activer n'empêche nullement de donner une orientation sentimentale et sincère à la rencontre. »
Il devient un bas instinct quand il est guidé uniquement par une recherche de plaisir et satisfaction immédiate.

Cette étape a lieu en général le soir, en sortie nocturne. Les discussions changent de teneur et deviennent plus intimes. Maintenant, vous pouvez commencer à parler de votre vie privée et autres discussions plus délicates.
La femme doit bien mettre ses « atouts » physiques en avant avec une bonne gestuelle, même si cela peut rester discret. Et enchaîner sur une voix douce et sensuelle.

A partir du moment où vous êtes prête à coucher avec lui, il faut mettre le paquet si vous sentez un flottement. Soyez tactile et devenez coquine dans vos paroles pour le faire fantasmer !

Ex : « Ce soir, je n'ai pas envie de te quitter »
Partez toujours du principe que l'homme a envie de coucher avec vous dès que possible, n'en doutez pas.

Mais attention ! Vous nous dites souvent : « Quand on prend l'initiative directe, vous n'aimez pas, messieurs ! »
Eh oui, les filles ! En agissant directement comme un homme, vous les contrariez dans leurs mécanismes naturels, au risque de les laisser sans voix et gênés. Provoquez, déclenchez son action, ce sera non seulement plus facile car dans le sens de votre nature,

mais en plus, vous serez rassurée sur son intérêt puisqu'il réagira ! Rappelez-vous qu'un homme conquiert naturellement une femme par actions et propositions successives verbales. C'est sa manière de fonctionner.

Cyrano rappelle : La femme doit provoquer la réaction de l'homme plutôt que d'agir à sa place.

Petit truc : dites-vous « qu'est-ce que je voudrais qu'il me dise, qu'il me fasse ? » Et suggérez le indirectement.

Erreurs à éviter :

Mettez de côté les discussions d'ordre général, vous risqueriez de rester dans l'étape précédente et de gâcher la soirée.
Avoir oublié d'être sexy, les filles ! Impardonnable et fatal! L'homme pourrait considérer cela comme un manque de respect, un « j'm'en fous de cette soirée », voire plus. Vous n'êtes pas dans une soirée professionnelle.

Qui paie l'addition ?

Les filles, surtout lors du premier dîner en tête à tête, laissez l'homme payer l'addition. Ne proposez pas de partager, vous n'êtes pas à un dîner entre collègues de travail. Ça pourra être très mal interprété par l'homme. Pour nous, il est normal de payer, surtout la première fois. Si vous voulez participer aux dépenses, proposez lui un prochain dîner où vous l'inviterez, cela passera beaucoup mieux. Ou alors, vous lui proposez d'aller boire un verre dans un pub et l'addition est pour vous.

Recevoir des fleurs et déclaration prématurée de votre courtisan :
Etre trop rapide est fréquent chez l'homme sincère. Alors, si cela arrive, prenez du recul et ne stressez pas, ne paniquez pas. Dites-vous que votre prince est maladroit, mais sincère.
Et prenez cela avec humour et attendrissement.

Evitez, vous-même, de faire une déclaration d'amour, vous pourriez lui faire peur ! Faites en sorte qu'il vous la fasse lui d'abord, c'est un conseil.
Ne jamais le quitter sans tendre une perche pour un prochain rendez-vous ou vous approcher de lui en le regardant si vous voulez être embrassée.

Passerelles pour atteindre la dernière étape : taquiner par des mots ou des gestes sexualisés (pincer, paroles « chaudes ») pour créer une complicité de proximité qui devrait se transformer en proximité sexuelle. Et si le feeling passe, les filles, faites en sorte qu'il vous prenne dans ses bras.

« Toujours avoir en tête qu'à partir de cette étape, il FAUT exciter l'homme pour qu'il se sente des ailes »

Fin de cette étape :
Selon votre situation et vos désirs :
*soit le remercier en lui disant que vous attendez la prochaine sortie ou bien vous suggérez une sortie.
*soit vous l'incitez à vous embrasser
*soit si vous le voulez, faites lui comprendre que vous voulez continuer la nuit avec lui……

C'est à vous de donner le timing, pas à lui de le deviner. Ne laissez pas le doute s'installer, ça peut faire des ravages parfois. Les hommes ne sont pas tous sûrs d'eux.

F. La conclusion sous la couette et le début de la relation

Définition de cette phase : passer d'une ambiance intime à la relation sexuelle.

Vous allez voir que jusqu'à la conclusion, il vaut mieux respecter certaines règles au risque de faire capoter la rencontre sur la ligne d'arrivée !

Anecdote vécue ou entendue :

Je sors avec une chilienne. Et un jour elle m'invite chez elle. Je l'embrasse et je lui effleure les seins. Elle s'écarte d'un coup et me dit courroucé qu'on pourrait nous voir et qu'il ne faut pas faire ça. Son appartement était au rez-de-chaussée. Moi, j'arrête toute tentative, déconcerté. Deux jours après, je me retrouve de nouveau chez elle. Et là, au même endroit, je me fais dévorer tout cru comme jamais. A n'y rien comprendre. Comment une femme qui se comportait en sainte nitouche le jeudi à pu se transformer en dévoreuse d'homme le samedi ? Que vous soyez une femme de 18 ans un peu timorée et vous devenez trois ans après toute délurée se conçoit. Mais là, il s"est passé 48h ! Avec du recul, cette expérience surprenante démontre une réalité : les femmes sont profondément dépendantes de leur biologie. Quand ce n'est pas le moment, votre biologie vous dit : « ce n'est pas le moment » et vous réagissez en cohérence avec votre intérieur. Vous n'avez manifestement pas le choix. Et deux jours après, son intérieur lui à dit « open sexe » et elle s'est lâchée.

D'où l'importance pour les femmes de bien gérer cette particularité féminine, lors de son premier assaut pour ne pas le bloquer. Ne l'interprétez pas négativement, assumez votre biologie avec sérénité et tout se passera bien.

Feeling sexuelle Femme / Homme :

« L'homme doit être en mesure biologiquement parlant de vous satisfaire »
Mesdames et demoiselles, vous aussi, parfois, vous mettez la charrue avant les bœufs. Sautez sur votre homme seulement si vous êtes sûre qu'il est excité. Sinon, vous allez créer un déséquilibre « biologique » entre lui et vous et il sera profondément gêné et vous repoussera.

Les filles, n'oubliez pas d'avoir des dessous sexy, encore et toujours, gardez ce fil rouge jusqu'au bout : ÊTRE SEXY !

Si l'homme n'est pas excité, ne lui dites pas : « ce n'est pas grave ». Ça va le contrarier, car pour lui c'est « grave », s'il n'est pas pas en mesure de vous satisfaire. Restez cool, discutez avec lui. Essayez de le faire fantasmer par des paroles coquines. Ne vous inquiétez pas, ça va venir. Il faut le rassurer en lui disant que le plus important est le moment que vous passez ensemble, pour se découvrir. Riez avec lui, pas de lui.

C'est la seule raison où un homme intéressé reculera dans l'intimité devant des rapports sexuels : ça ne bouge pas en dessous de la ceinture.

Evidemment, n'oubliez pas d'avoir des préservatifs...... Un homme sincère ne refusera pas d'en mettre un pour vous protéger.

Cyrano rappelle : « L'homme ne peut pas vous déléguer sa virilité ! Vous devez donc la provoquer, la déclencher. »

« L'homme est profondément dépendant de son excitation sexuelle lors de cette dernière étape, plus que les autres ! »

Et voilà, avec la fusion sexuelle, la rencontre se termine et laisse place à une relation entre deux êtres. Cette relation peut durer d'une nuit à toute la vie, c'est une autre histoire. Mais pour le moins, vous y êtes arrivée.

Synthèse de la rencontre amoureuse du point de vue de la femme

Il faut soigner son pouvoir de séduction avant toute sortie. C'est incontournable pour votre efficacité durant la soirée : l'homme est un visuel. Il se base d'abord sur ce qu'il voit.

C'est vous qui décidez le timing de la rencontre. Elle doit se faire à votre rythme sans casser la dynamique de l'homme.

N'attendez pas que l'homme fasse tout le boulot, faites votre part.

Suivez la flèche et vous ne ferez pas d'erreur éliminatoire. Un homme sincère ne vous reprochera jamais de respecter les règles du jeu en demandant un peu de patience.

Ayez le schéma en tête. Repérez régulièrement à quelle étape vous stagnez, l'analyse en sera d'autant plus rapide et efficace. Suivez la feuille de route (en fin du module).

Ce qui peut perturber parfois est que la rencontre peut se faire entièrement en une soirée comme en quinze jours. Cela dépend essentiellement de votre situation, votre communication sexuelle et de la dextérité de l'homme.....

Si une rencontre amorcée n'aboutit pas, dites-vous d'abord avant toute analyse : « Ai-je assumé pleinement mon rôle de femme avec cohérence lors de cette rencontre ? ».

Petit à petit, vous allez vous auto corriger plutôt que de rejeter la faute sur les hommes ou sur votre manque de confiance en soi.

Rappelez-vous que les femmes et les hommes ne sont ni pires ni meilleurs les uns que les autres dans leurs intentions et leurs pensées.

« Etre aigrie envers les hommes est une ineptie absolue. »

Finalement, à partir du moment où vous assumerez correctement votre rôle à chaque fois que vous craquerez pour un inconnu, savez-vous quel est l'homme que vous serez sûre de ne pas rater ?

L'homme de votre vie !

Et c'est bien la finalité de tout mon enseignement : ne pas rater les rencontres essentielles qui vont changer votre vie.

Mise en pratique :

1. Repérez trois endroits fréquentés et habituez-vous à vous mettre dans un endroit stratégique, que l'on vous voit.

2. Repérez trois hommes qui vous plaisent et qui paraissent célibataires. Et dites-vous : « Si on se rencontre, que vais-je dire ou faire pour que l'on se revoit. »

3. Repérez trois endroits où vous aimeriez être invitée.

4. Rappelez-vous trois « non réaction » d'hommes qui vous regardaient et donnez une explication rationnelle basée sur votre nouveau savoir.

5. Créez un « pack rencontre » : des anecdotes, des blagues, des sujets intéressants, vos passions, des actualités, des évènements qui prêtent à discussion pour éviter les « blancs ».

6. Abordez 3 hommes avec un prétexte anodin sans vous soucier de sa réaction.

7. Allez visionner 4 vidéos de femmes coachs donnant des conseils aux autres femmes pour draguer les hommes et faites une synthèse.

8. Regardez comment s'habillent les femmes qui ont du succès auprès des hommes.

9. Trouver quelques thèmes qui plaisent aux hommes, vous allez les surprendre.

10. Rappelez-vous trois rencontres qui ont stagnées et ce que vous auriez pu dire pour qu'elles avancent.

La feuille de route de votre évolution et du suivi de vos actions sur le terrain

Comment utiliser cette feuille de route ?

Vous allez décider de vous concentrer sur 2 ou 3 hommes. Et vous allez cocher au fur et à mesure les actions faites vers ces hommes que vous voulez conquérir.

Ainsi, vous verrez de manière concrète jusqu'où vous êtes allée et où cela coince lors du processus.

Comme cela, vous verrez concrètement votre évolution que vous pourrez évaluer et voir quelle étape, vous devez améliorer. Surtout si ça coince, à chaque fois, au même endroit.

Couplez cette feuille avec un cahier de bord pour écrire toutes vos actions et ressentis. Ce sera votre mémoire et quand vous reviendrez dessus, vous verrez concrètement vos avancées.

ETAPES	PRENOM	PRENOM
///////////////////////////// /////////////////////		
AVANT LA RENCONTRE	/////////////////	/////////////////
Extérioriser sa féminité, devenir « sexy »		
Sortir, se montrer		
Repérer les hommes qui vous plaisent		
LE PREMIER CONTACT	/////////////////	/////////////////
Regarder le garçon dans les yeux		
Lui sourire		
Permettre la rencontre (être abordable)		

Une gestuelle dans sa direction		
Echange de paroles		
Tendre perches pour se revoir, donner ses coordonnées		
LE PREMIER RENDEZ-VOUS	////////////////	////////////////
Féminité assez proactive		
Discussions d'ordre général		
Compliments sur son discours		
Tendre perche pour RDV suivant		
LE RENDEZ-VOUS INTIME	////////////////	////////////////
Féminité très proactive		
Discussions plus intimes		
Compliments plus sexualisés		
Tendre perche pour être embrassée		
LA FUSION	////////////////	////////////////
Etre prête pour la relation sexuelle		
Féminité très proactive		
Caresses		
Et c'est parti.........		

Mise en pratique :

1. Photocopiez trois feuilles de route (au moins).
2. Choisissez trois cibles potentielles et commencez votre progression.

3
Ce que vous devez éviter

A. Ne miser que sur votre physique pour réussir avec les homme.

Combien de femmes ne se sont reposées que sur leur physique pour réussir leur vie amoureuse. Beaucoup trop ! Si votre physique est un atout indéniable, il n'est pas suffisant pour choisir vos hommes. Votre physique vous amènera des courtisans, peut-être beaucoup de courtisans, mais seront-ils ceux que vous souhaitez ? Même jolie, une femme qui veut choisir réellement ses hommes devra activer sa communication sexuelle. De plus, votre physique intimidera les hommes en général, ce sera la double peine, la double barrière. Et comme votre instinct vous poussera vers les hommes qui vous désirent, vous risquez de vous retrouver un jour en couple à un homme que vous n'aimez pas spécialement alors que celui que vous aimiez était à portée de main, mais un peu timide ayant besoin de votre aide.

B. Penser qu'être sexy est être une femme facile, un objet sexuel soumis aux hommes.

Beaucoup d'entre vous pensent qu'être habillée « sexy » fait de vous une femme facile, une moins que rien. Ou alors, vous rendre « attirante » vous intimide et vous évitez de l'être. Et en plus, vous vous dites : « Si un homme est sincère, il viendra me voir comme je suis ». Inconsciemment, vous êtes en train de vous tirer une balle dans le pied et profondément. Je vous le rappelle : « Les hommes vont vers les femmes qui éveillent leur désir sexuel ». Vous n'êtes pas obligée d'extérioriser votre féminité de manière vulgaire ou grossière. A vous de trouver le juste équilibre dans votre apparence. Offrez-vous un relooker qui va vous aider à vous mettre en valeur. Cela peut changer votre vie.

Mettez-vous le dans la tête une fois pour toute : être sexy, attirante, fait partie intégrante du jeu de séduction. C'est votre atout premier pour la conquête de l'homme que vous désirez. Alors, n'ayez plus honte d'être sexy, soyez une femme qui utilise ses atouts pour réussir sa vie amoureuse.

Sinon, vous deviendrez, vous aussi, une triste roue de secours, la proie des tombeurs, des hommes qui veulent t... un coup ! Votre physique ne vous protègera pas de ce triste destin.

C. Croire que les hommes sont égaux dans leur compréhension de votre communication sexuelle.

RAPPEL Une anecdote vécue :
Un soir, je venais de terminer une soirée spectacle avec des amis, une jeune fille me dit qu'elle m'avait trouvé super et me regardait avec des yeux lumineux. Je ne réagis pas. Ensuite, elle me fait du pied. Là, je me dis qu'une femme qui me fait du pied est possiblement intéressée. Je ne réagis toujours pas. Et elle finit pas me dire : « J'ai envie de toi ». Une demi heure après, je l'invitais dans ma tente !

C'est la première fois qu'une femme arrivait à me conquérir par communication sexuelle graduelle successive. Un travail d'orfèvre qui doit vous faire méditer.

Grâce à sa communication sexuelle bien déterminée, elle a eu ce qu'elle voulait : moi ! Et elle fut la seule femme à avoir ce que ses yeux désiraient sans aucune aide de ma part, si ce n'est l'inviter dans ma tente.

C'est une anecdote que vous devez graver en vous les filles. Elle doit vous rappeler l'importance de votre communication sexuelle dans votre succès effectif avec les hommes que vous désirez, surtout s'ils sont timides ou distraits.

Je rappelle volontairement cette anecdote que j'ai mis dans le premier des modules car elle est essentielle aussi pour illustrer cette partie.

Votre deuxième pouvoir essentiel dans vos rencontres est votre communication amoureuse. D'une manière générale, les femmes se rendent sexy sans trop de problème. Alors qu'avoir une bonne communication sexuelle ne va manifestement pas de soi. Je pense que le point faible de beaucoup de femmes est leur communication sexuelle.

Inconsciemment, vous ne pensez pas à l'activer ou bien vous êtes convaincu que ce que vous faites est suffisant alors que vous faites généralement le « minimum syndical » que seulement une partie des hommes va comprendre. Et si votre prince charmant n'en fait pas partie, votre communication amoureuse que vous croyez au top va faire un flop !

Rappelez-vous la progression que doit avoir votre communication sexuelle si nécessaire :

Avec l'inconnu : regard - sourire - gestuelle

Ensuite, quand vous le connaissez :
1. La suggestion camouflée (ex. «je ne sais pas où sortir ce soir pour aller danser. » ou « as-tu entendu parler de ce nouveau restaurant ? »).
2. La suggestion claire (ex. « J'ai besoin de tendresse dans ce monde de brutes. »).
3. Et le désir verbal et direct (ex. « J'ai envie de toi ! »).

Encore une fois, il est très important pour vous de connaître les niveaux de communication sexuelle durant la rencontre pour bien les utiliser.

A partir du moment où vous connaissez l'homme, votre communication amoureuse non verbale ne sert plus à grand chose pour avancer et maîtriser la rencontre. Il FAUT passer à la communication verbale indirecte.
La suggestion camouflée sera comprise par 40 % des hommes, la suggestion claire sera comprise par 90 % des hommes et votre désir direct par 100 % des hommes (pourcentages approximatifs pour donner une idée).
Pendant que vous pensez avoir envoyé un message clair, l'homme n'a rien traduit du tout. Et le décalage et l'incompréhension commencent. Soyez vraiment consciente de cette déficience de l'homme pour

accentuer, si nécessaire, la lisibilité de votre communication amoureuse.

D. Croire que les hommes ne sont tous que des cochons.

Cette pensée va créer instinctivement un réflexe de rejet des hommes au départ (je ne veux pas être un « produit de consommation », « je veux un homme amoureux de moi ») et va perturber vos rencontres en accentuant votre Système Défensif Naturel plus que de raison. Alors que même le prince charmant a envie de faire l'amour avec vous rapidement ! Et en plus, comme il est amoureux, cela va décupler son envie de le faire ! Mais s'il est sincèrement amoureux, il patientera le temps qu'il faudra.

Ne jamais cataloguer sur le moment, négativement, un homme qui vous désire rapidement. C'est dans sa nature. Vous devez apprendre à le contenir.

E. Croire que c'est l'homme qui fait tout le boulot.

Cette pensée va inconsciemment vous faire stagner dans l'évolution de votre communication sexuelle avec les hommes. Persuadée que ce sont les hommes qui font tout le boulot, vous vous laissez mener par la vague virile et vous serez dépendante des hommes et de leur dextérité. Vous serez régulièrement doublée par vos copines et vos voisines parce qu'elles évoluent et ont une bien meilleure communication sexuelle offensive que vous. Une rencontre équilibrée c'est

50/50 à partir du moment où vous connaissez l'homme.

Prenez conscience mesdames et demoiselles de votre quasi impossibilité de faire aboutir une rencontre avec un homme qui ne vous courtise pas, qui n'agit pas. Et là, vous prendrez conscience de l'importance de votre communication sexuelle et de l'obligation de tendre des perches pour faire avancer la rencontre en déclenchant sa virilité (ses propositions entre autres).

Un exemple : votre courtisan vous invite régulièrement en journée, mais n'ose pas vous proposer une sortie nocturne. La prochaine fois, vous lui dites que cet après-midi, je suis occupée, je serai libre ce soir. Et là, vous obligez votre courtisan à vous proposer une sortie nocturne, mine de rien.

Dites-vous toujours en vous-même : qu'est-ce que j'aimerais qu'il me propose ? Et vous le dirigez par une perche adéquat.

F. S'embourber dans la non-maîtrise de votre SDN : je repousse les hommes qui me plaisent donc je suis nulle.

Ne comprenant pas votre réflexe naturel de défense, vous l'assimilez à un manque de personnalité et cela nourrit votre manque de confiance et une mauvaise image de vous-même.

Une spécificité féminine : le Système Défensif Naturel (S.D.N.).

Comme nous allons le voir en détail, vous repoussez parfois l'homme alors que vous êtes intéressée, voire amoureuse ! Vous n'êtes pas incohérente. C'est manifestement un réflexe, dû à plusieurs raisons, qui vous est imposé par votre nature biologique. Le SDN vous permet de tenir à distance les hommes qui ne maîtrisent pas leur virilité ou que vous ne connaissez pas assez. Ce qui n'a rien à voir avec le réflexe de repousser un homme qui ne vous intéresse pas.

Ce système de défense perturbe énormément les hommes. Il va falloir apprendre à le maîtriser pour limiter la « casse ».

Cyrano rappelle : votre SDN ne doit pas être confondu avec une « fin de non recevoir », quand vous n'êtes réellement pas intéressée, ni avec une barrière que mettent certaines femmes parce qu'elles sortent d'une relation difficile et qu'elles ont besoin de temps pour se rouvrir à la rencontre. Le SDN est un réflexe instinctif qui garde l'homme à distance, alors que la « fin de non recevoir » et la barrière sont des décisions pensées. Mais les trois situations peuvent avoir la même apparence pour les hommes. Et c'est là le problème que vous devez analyser et réduire avec vos réflexes divers pour éviter que l'homme interprète mal ce réflexe.

Le réflexe de la femme va bloquer brusquement la rencontre. Si l'homme interprète mal la réaction de la femme et se dit : « Elle n'est pas intéressée » ou « C'est une allumeuse », il abandonnera peut-être et la rencontre capotera pour le plus grand désespoir des deux tourtereaux.

Ce phénomène naturel se répétera tant que vous n'aurez pas compris ce réflexe instinctif et que vous n'apprendrez pas à le maîtriser !

Voilà une des raisons pour lesquelles vous dites « non » un jour, et vous changez d'avis la fois d'après sans donner d'explication. En fait, vous vous êtes rassurée entre temps et votre instinct vous permet de vous ouvrir alors à la rencontre !

Maîtrise et non maîtrise de votre SDN et les conséquences malgré votre intérêt pour l'homme (voir illustration 7) :

Quatre réactions à l'approche d'un homme qui vous intéresse. Encore une fois, il ne s'agit pas d'éconduire un homme qui ne vous intéresse pas. Là, vous êtes dans la situation où l'homme vous intéresse.

Je suis sûr que ce schéma vous rappelle des comportements d'adolescente....

Vous pouvez voir ce que va répondre une femme qui maitrise sa communication et son SDN et l'autre qui ne maîtrise pas alors que les deux sont intéressées. Il n'y a aucune différence sur leur intérêt de rencontrer l'homme.

Cyrano rappelle : La femme d'expérience laisse la porte entre-ouverte, là où la femme inexpérimentée va fermer la porte, et parfois sur les doigts du prince charmant !

Mais un homme peu habitué à ce paramètre risque de mal interpréter votre réponse avec toutes les conséquences que cela peut provoquer : énervement, incompréhension, abandon de la rencontre.

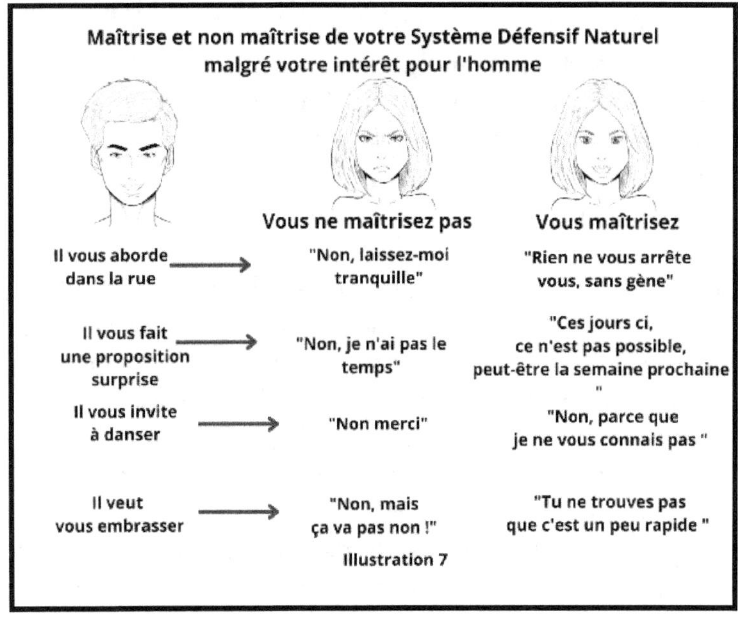

Cette illustration doit vous aider à prendre conscience du phénomène de votre SDN pour apprendre à le maîtriser plus rapidement et en toute conscience.
Car vous êtes toutes aussi maladroites que les hommes lors de rencontres amoureuses. La croyance, comme quoi, c'est l'homme qui est maladroit empêche

souvent la femme de prendre conscience que le problème vient peut-être d'elle-même avec les conséquences négatives récurrentes que cela va créer lors de vos rencontres.

Et ensuite, vous risquez d'être fichée comme allumeuse ou « connasse » qui ne sait pas ce qu'elle veut.

G. L'impitoyable « Friend zone » ou « Case amie », aussi pour les femmes.

Coordonnez trois principes :
Tout d'abord et toujours, être sexy. Vous l'avez compris, c'est une constante tout le long de la rencontre et bien sûr dans le couple aussi.
Ainsi, l'homme est captivé et reste motivé.

Ensuite, c'est le principe de l'effeuillage, un peu plus à chaque rencontre. Allez voir une strip-teaseuse et comment elle se déshabille petit à petit pour dévoiler son corps. Et vous partez du même principe dans votre ouverture avec votre courtisan.
N'ayez crainte, un homme sincère respectera le jeu, patientera et s'en amusera.
L'important est de ne pas le démotiver (sexuellement) et surtout qu'il ne pense pas être pris pour un imbécile.
Vous remarquerez que la façon de s'habiller de la femme lors des rencontres successives montrent en général sa proximité vers la relation intime.
Si vous ne jouez pas sur votre sex-appel, l'homme ne s'intéressera pas à vous sexuellement. **Vous**

deviendrez la bonne amie avec qui on parle, mais avec qui on ne couche jamais.

Mais la spécificité de la « Friend Zone » est que la personne serait potentiellement intéressée si vous aviez un comportement proactif. Rien à voir avec un non intérêt total.

Si un homme vous plait et qu'il ne montre aucun intérêt, vous êtes peut-être dans la « case amie » sans le savoir. Pour lever le doute, devenez sexy et observez s'il se passe quelque chose avec votre cible. Éveillez le désir d'un homme qui vous plait aura parfois des conséquences surprenantes car il pourra se transformer en courtisan du jour au lendemain. Testez et vous verrez par vous-même.

Contrairement à la « Case ami » de l'homme qui se met en place dans un deuxième temps, la « Case amie » de la femme se fait dès le début. Dans un cas la femme était motivée et s'est démotivée, alors que dans l'autre cas, l'homme n'a pas été motivé visuellement dès le début !

H. Croire que les hommes seront sexuellement infaillibles dans l'intimité.

Ayez toujours en tête cette grande peur des hommes de ne pas assurer (pas d'érection). Croyez-moi, c'est dans leur tête de manière consciente ou inconsciente. Parfois, vous avez des hommes qui roulent des mécaniques et qui se trouvent pavillon bas dans l'intimité. Par sécurité, ayez toujours comme objectif d'éveiller son désir sexuel en étant sexy, avec des dessous sexy pour limiter cette situation qui est gênante pour les deux partenaires.

Synthèse

1 / Si vous ne misez que sur votre physique, cela peut se retourner doublement contre vous. Non seulement, vous ne choisirez plus vraiment vos conquêtes, mais en plus votre physique va intimider des hommes intéressants pour vous.

2 / Être sexy est naturel, vous devez en être fière et soigner votre apparence sans tomber dans le vulgaire.

3 / Il est très important d'adapter votre communication selon la réactivité de l'homme. Pour certains, un regard suffira, pour d'autres, il faudra allier regard, sourire et gestuelle.

4 / De par leur nature, les hommes sont poussés par leur biologie à vouloir coucher avec vous dès que possible. Donc, rien à voir nécessairement avec une envie pensée de ne vouloir qu'une partie de jambes en l'air.

5 / Être persuadée que lors d'une rencontre, c'est l'homme qui fait tout le boulot, vous pensez n'avoir qu'à être sexy. Non, une rencontre amoureuse, c'est 50/50 même si les efforts ne se font pas de la même manière.

6 / Vous devez comprendre votre fameux SDN pour apprendre à le maîtriser et ne pas penser que vous êtes nulle et que vous manquez de personnalité.

7 / La « Friend zone » ou « Case amie » est presqu'aussi impitoyable pour les femmes que pour les hommes. Éveillez le désir sexuel des hommes est un réflexe incontournable de votre stratégie pour éviter cette « Friend zone » désespérante.

8 / Ne jamais oublier que l'homme est sexuellement faillible et qu'il faut tout faire pour limiter cette situation lors de l'intimité.

Pour éviter ces erreurs que vous faites souvent de manière inconsciente, vous devez vous remettre en cause mentalement et vous imprégner de la réalité de ce qu'est un homme !

Si vous observez toujours un même problème récurrent avec les hommes, c'est vous qui avez un problème : il faudra vous remettre en cause.

Mot de la fin

Vous vous lamentez dans votre coin pensant que vous n'avez toujours pas trouvé l'homme de votre vie et que les dieux sont contre vous.

J'espère que ce livre vous a ouvert les yeux et que vous êtes consciente que VOUS avez raté l'âme soeur ces dernières années ou pour le moins de belles rencontres, parce que vous avez eu l'occasion de rencontrer, au moins un homme, qui vous plaisait et qui vous regardait.

C'est la réalité de la vie. les femmes qui vous disent, disons après 30 ans, je n'ai pas encore rencontré l'homme de ma vie, je n'ai pas de chance, sont des femmes qui ont ratées de belles opportunités dans leur vie par inaction, inconscience ou maladresse.

L'amour se trouvait probablement dans les opportunités ratées.

N'allez plus chercher dans vos rêves des hommes que vous avez croisées et que vous allez croiser de nouveau dans votre vie future.

Maintenant, j'espère que vous allez être plus « en veille » et plus proactive quand l'opportunité se présentera.

Ce livre n'a eu d'autre objectif que de vous faire prendre conscience des réalités de la vie pour que vous évitiez le piège dans lequel tombe énormément de femmes sympas et sincères et qui ne demandaient qu'à être heureuses.

Vous n'avez maintenant plus cette excuse de l'inconscience et vous avez la chance d'avoir une feuille de route et des conseils clairs pour évoluer et changer le cours de votre vie amoureuse.

Ne la gâchez pas !

Bonne chance.

Cyrano

Biographie de l'auteur :

Sexe, amour et timidité (2009)

Nouvelles origines de la timidité amoureuse (2012)

Assume ton rôle, l'amour fera le reste (2021)

Ce que les femmes m'ont cruellement appris (2021)

9 782952 363587